Dr. Džerok Li

Tvrdo pouzdanje
u ono čemu se nadamo

URIM BOOKS

„*Vjera je tvrdo pouzdanje u ono čemu se nadamo,
osvjedočenje o stvarima koje ne vidimo.
Jer u njoj stari dobiše svjedočanstvo.
Vjerom poznajemo da je svijet riječju
Božjom svršen, da je sve što vidimo iz ništa postalo.*"
(Poslanica Jevrejima 11:1-6)

Tvrdo pouzdanje u ono čemu se nadamo
dr. Džeroka Lija
Objavile Urim knjige (Predstavnik: Johnny. H.kim)
235-3, Guro-dong3, Guro-gu, Seul, Koreja
www.urimbook.com

Sva prava su zadržana. Ova knjiga ili njeni pojedini dijelovi ne smiju biti reprodukovani u bilo kojoj formi, ili biti smješteni u bilo kom renta sistemu, ili biti transmitovana bilo kojim načinom, elektronski, mehanički, fotokopiranjem, snimanjem, ili slično, bez prethodnog pismenog ovlašćenja izdavača.

Ukoliko nije drukčije navedeno, svi Biblijski navodi uzeti su iz Svetog Pisma, NOVA AMERIČKA STANDARDNA BIBLIJA, °, Autorska Prava© 1960, 1962, 1963, 1968, 1971, 1972, 1973, 1975, 1977, 1995 od strane Lokman fondacije (The Lockman Foundation). Korišćeno uz dozvolu.

Autorska prava © 2009 od strane dr. Džeroka Lija
ISBN: 979-11-263-1161-3 03230
Prevodilačka Autorska Prava © 2008, dr. Ester K. Čung (Dr. Esther K. Chung). Korišćeno uz dozvolu.

Prethodno objavila na korejskom jeziku Urim knjige u 1990.g.

Prvo izdanje, jun 2008

Uredila dr. Geumsun Vin
Dizajnirao urednički biro Urim Books
Za više informacija kontaktirati na urimbook@hotmail.com

Predgovor

Iznad svega, ja dajem svu zahvalnost i slavu Bogu Ocu koji nas je vodio da izdamo ovu knjigu.

Bog, koji je Ljubav, poslao je Njegovog jedinorodnog Sina, Isusa Hrista, kao žrtvu iskupljenja za čovječanstvo koje je bilo osuđeno na smrt zbog njihovog grijeha neposlušnosti Adama i koji je otvorio put spasenja za nas. Sa vjerom u ovu činjenicu, svakome ko otvori svoje srce i prihvati Isusa Hrista kao svog Spasitelja će biti oprošteno od njegovih grijehova, dobiće dar Svetog Duha i biće prepoznat od Njega kao dijete Božje. Šta više, kao dijete Božje on ima pravo da dobije odgovore na sve što traži sa vjerom. Rezultat je život u izobilju bez nedostataka i on će imati mogućnost da trijumfalno prevaziđe svijet.

Biblija nam govori da su očevi vjere vjerovali u Božju moć da stvore nešto od ničega. Oni su mogli da iskuse nevjerovatna djela Božja. Naš Bog je isti juče, danas i sutra i sa Njegovom svemogućom moći On i dalje izvodi ista djela za one koji vjeruju i praktikuju riječ Božju zapisanu u Bibliji.

U mojoj službi u proteklog deceniji, ja sam bio svjedok brojnim članovima Manmina koji su dobijali odgovore i rešenja na različite probleme koje su imali dok su patili u svojim životima vjerujući i povinujući se riječima istine i oni su mogli da daju veliku slavu Bogu. Kada su vjerovali u riječ Božju koja kaže: „Nebesko carstvo na silu se uzima i siledžije dobijaju ga" (Jevanđelje po Mateju 11:12) i dok su se znojili i molili i praktikovali riječ Božju kako bi posjedovali veću vjeru, oni su meni izgledali mnogo dragocjenije i ljepše od bilo čega drugoga.

Ovo djelo je za one koji željno žele da vode pobjedničke živote dok posjeduju iskrenu vjeru da slave Boga, prenose ljubav Božju i šire jevanđelje Gospoda. U poslednje dvije decenije ja sam propovjedao toliko mnogo poruka zvanih

„Vjera" i kroz izbor među njima i kroz njihovo uredno sređivanje, ova knjiga je dobila mogućnost da se odštampa. Ja želim da ovo djelo, Vjera: Tvrdo pouzdanje u ono čemu se nadamo odigra ulogu svjetionika koje će biti vodič ka iskrenoj vjeri brojnim dušama.

Vjetar duva gdje poželi i nevidljiv je za naše oči. Ipak, kada vidimo lišće na drveću kako se njiše na vjetru, mi možemo da osjetimo stvarnost vjetra. Na isti način, iako niste u mogućnosti da stvarno vidite Boga golim okom, Bog je živ i zaista postoji. Zbog toga u skladu sa vašom vjerom u Njega, do bilo kog stepena da želite, vi ćete moći da Njega vidite,

Njega čujete i osetite Njegovu prisutnost i Njega iskusite.

Džerok Li

Sadržaj

Predgovor

Poglavlje 1
Tjelesna vjera i duhovna vjera · 1

Poglavlje 2
Tjelesno mudrovanje neprijateljstvo je Bogu · 13

Poglavlje 3
Uništi sve vrste misli i teorija · 29

Poglavlje 4
Posij sjeme vjere · 43

Poglavlje 5
„Ako možeš?" Sve stvari su moguće! · 57

Poglavlje 6
Danilo se oslanjao jedino na Boga · 71

Poglavlje 7
Bog daje unaprijed · 85

Poglavlje 1

Tjelesna vjera i duhovna vjera

Poslanica Jevrejima 11:1-3

Vjera je tvrdo pouzdanje u ono čemu se nadamo, osvjedočenje o stvarima koje ne vidimo. Jer u njoj stari dobiše svjedočanstvo. Vjerom poznajemo da je svijet riječju Božjom svršen, da je sve što vidimo iz ništa postalo.

Pastor uživa dok posmatra da njegovo stado posjeduje iskrenu vjeru i slavi Boga sa iskrenom vjerom. Sa jedne strane, kada neki od njih stvaraju svjedoke živoga Boga i svjedoče o njihovom životu u Hristu, pastor se može radovati i postati još vatreniji za svoj zadatak dodjeljen od strane Boga. Sa druge strane, kada drugi ne uspijevaju da dokažu njihovu vjeru i padnu u iskušenja i nevolje, pastor mora da osjeti bol i njegovo srce je u nevolji.

Bez vjere, nije samo nemoguće da se ugodi Bogu i da se dobiju Njegovi odgovori na vaše molitve, već je takođe i veoma teško da posjedujete nadu za nebesima i da vodite život u vjeri.

Vjera je najvažniji temelj u hrišćanskom životu. To je prečica ka spasenju i neophodna potreba za dobijanje odgovora od Boga. U našim vremenima, zato što ljudi nemaju pravu definiciju za vjeru, mnogi ljudi ne uspijevaju da posjeduju iskrenu vjeru. Oni nemaju sigurnost u spasenju. Oni ne hodaju u svjetlosti i ne dobijaju Božje odgovore čak iako priznaju svoju vjeru u Boga.

Vjera je dovedena u dvije kategorije: Tjelesna vjera i duhovna vjera. Ovo prvo poglavlje vam objašnjava o tome šta je iskrena vjera i kako možete da dobijete odgovore od Boga i kako da budete vođeni na putu vječnog života kroz iskrenu vjeru.

Tjelesna vjera

Kada vi vjerujete u ono što ste vidjeli sopstvenim očima i u stvari koje su prihvatljive za vaše znanje i misli, vaša vjera je tip pod nazivom „tjelesna vjera." Sa ovom tjelesnom vjerom vi možete samo da vjerujete u one stvari koje su načinjene od stvari koje su vidljive. Na primjer, sa ovim vi vjerujete da je sto napravljen od drveta.

Tjelesna vjera je takođe nazvana „vjera kao znanje." Sa ovom tjelesnom vjerom, vi vjerujete samo u ono što je prihvatljivo za vaše znanje i skladišteno u vašem mozgu i mislima. Vi možete bez ikakve sumnje vjerovati da je sto napravljen od drveta zato što ste vidjeli i čuli da je sto napravljen od drveta i razumijete to.

Ljudi imaju memorijski sistem u mozgu. Oni u njega stavljaju mnoge vrste znanja od rođenja. Oni skladište u ćelije mozga znanje koje su vidjeli, čuli, stekli od njihovih roditelja, braće i sestara, prijatelja i komšija i koje su naučili u školama i po potrebi koriste sačuvano znanje.

Ne pripada baš svaki djo znanja sačuvano u njihovom mozgu istini. Riječ Božja je istina zato što stoji zauvijek, dok znanje iz svijeta lako se mijenja i pomješano je sa istinom i neistinom. Zato što nemaju u potpunosti razumijevanje za istinu, ljudi iz svijeta ne shvataju da se neistina zloupotrebljava kao da je istina. Na primjer, oni vjeruju da je teorija evolucije u pravu zato što su naučili samo o teoriji evolucije u školi iako nisu znali riječ Božju.

Ono koji su bili učeni o činjenici da su stvari napravljene od nečega što već postoji ne mogu da vjeruju da je nešto napravljeno od ničega.

Ako je čovjek koji ima tjelesnu vjeru prisiljen da vjeruje da je nešto napravljeno od ničega, znanje koje je skladištio i vjerovao da je u pravu još od rođenja odvraća ga u vjerovanju od toga i njegova sumnja ga prati i više ne uspijeva da vjeruje u to.

U trećem poglavlju Jevanđelja po Jovanu, vladalac Jevreja Nikodim došao je kod Isusa i podijelio sa Isusom duhovni razgovor. Za vrijeme razgovora Isus ga je izazvao, govoreći mu: „Kad vam kazah zemaljsko pa ne vjerujete, kako ćete vjerovati ako vam kažem nebesko?" (stih 12)

Kada započinjete vaš hrišćanski život, vi skladištite znanje riječi Božje onoliko koliko ga čujete. Ali ne možete u potpunosti da vjerujete od početka i vaša vjera je osnovana kao tjelesna. Sa ovom tjelesnom vjerom, pojavljuje se sumnja u vama i ne uspijevate da živite po riječi Božjoj, komunicirate sa Bogom i dobijate Njegovu ljubav. Zbog toga je tjelesna vjera takođe nazvana „vjera bez djela" ili „mrtva vjera."

Sa tjelesnom vjerom, vi ne možete biti spašeni. Isus je rekao u Jevanđelju po Mateju 7:21: „Neće svaki koji Mi govori: „Gospode! Gospode," ući u carstvo nebesko; no koji čini po volji Oca Mog koji je na nebesima" i u Jevanđelju po Mateju 3:12: „Njemu je lopata u ruci Njegovoj, pa će otrijebiti gumno svoje i skupiće pšenicu svoju u žitnicu, a pljevu će sažeći ognjem vječnim." Ukratko, ako vi ne praktikujete riječ Božju i ako se ispostavi da je vaša vjera vjera bez djela, vi ne možete ući u nebesko kraljevstvo.

Duhovna vjera

Kada vi vjerujete u stvari koje ne mogu biti vidljive i koje nisu u mjeri sa ljudskim mislima i znanjem, vi možete biti smatrani da imate duhovnu vjeru. Sa ovom duhovnom vjerom vi možete vjerovati da je nešto napravljeno od ničega.

Što se tiče duhovne vjere, Poslanica Jevrejima 11:1 je definiše na sledeći način: „Vjera je suština stvari za koje se nadamo, dokaz stvari koje ne vidimo." Drugim riječima, kada vi gledate na stvari sa duhovnim očima, stvari će postati stvarnost za vas a kada gledate stvari sa očima vjere ono što se ne vidi, uvjerenje sa kojim vi vjerujete se otkriva. U duhovnoj vjeri ono što ne može da se učini sa tjelesnom vjerom, što je vjera znana kao „vjera znanja," biće moguće i biće otkriveno kao stvarnost.

Na primjer, kada je Mojsije pogledao stvari sa očima vjere, Crveno more je bio podjeljeno da dva dijela i ljudi Izraela su mogli da ga pređu po suvoj zemlji (Izlazak 14:21-22). I kada su Isus Navin, nasljednik Mojsija i njegovi ljudi pogledali na grad Jerihon i marširali okolo grada 7 dana i zatim vikali na zidine grada, grad je pao (Isus Navin 6:12-20). Avram, otac vjere, mogao je da se povinuje zapovjestima Božjim i ponudi kao žrtvu paljenicu njegovog jedinog sina, Isaka, koji je bio sjeme obećano od Boga zato što je vjerovao da će Bog moći da uzdigne čovjeka od smrti (Postanak 22:3-12). Ovo je jedan razlog zašto je duhovna vjera nazvana „vjera praćena djelima" i „živa vjera."

Poslanica Jevrejima 11:3 govori: „Vjerom poznajemo da je svijet riječju Božjom svršen, da je sve što vidimo iz ništa postalo." Nebesa i zemlja i sve stvari u njima uključujući sunce, mjesec, zvijezde, drveće, ptice i zvijeri, su stvorene uz riječ Božju i On je stvorio čovječanstvo od prašine. Sve ovo je stvoreno od ničega i mi možemo da vjerujemo i razumijemo ovu činjenicu samo sa duhovnom vjerom.

Nije sve što je vidljivo za naše oči ili vidno stvarnost, ali uz moć Božju, to jest uz Njegovu riječ, sve je napravljeno. Zbog toga mi priznajemo da je Bog svemoguć i sveznajući i od Njega mi možemo da dobijemo sve što smo tražili sa vjerom. To je zato što je svemogući Bog naš Otac i mi smo Njegova djeca, tako da je sve učinjeno za nas kako smo vjerovali.

Kako bi dobili odgovore i iskusili čuda sa vjerom, vi morate da okrenete vašu tjelesnu vjeru u vjeru koja je duhovna. Najprije, vi morate da razumijete da sačuvano znanje u vašem mozgu od rođenja i formirana tjelesna vjera koja se zasniva kao znanje, odvraća vas od posjedovanja duhovne vjere. Vi morate da uništite znanje koje donosi sumnju i otklonite znanje koje je pogriješno sačuvano u vašem mozgu. Koliko god da slušate i razumijete riječ Božju, duhovno znanje je mnogo više sačuvano u vama i do mjere da ste svjedoci u znakovima i čudima koji su otkriveni uz Božju moć i da ste iskusili dokaze o živom Bogu koji su manifestovani kroz svjedočenja mnogih vjernika, sumnje su otklonjene i vaša duhovna vjera raste.

Koliko god da vaša duhovna vjera raste, vi možete da vjerujete u riječ Božju, imate komunikaciju sa Njim i dobijate od Njega odgovore. Kada su vaše u potpunosti odbačene, vi možete da stanete na kamenu vjere i da budete smatrani da posjedujete jaku vjeru sa kojom možete da vodite pobjednički život u bilo kom iskušenju ili testu.

Sa ovim kamenom vjere, Jakovljeva Poslanica 1:6 nas upozorava: „Ali neka ište s vjerom, ne sumnjajući ništa; jer koji se sumnja on je kao morski valovi, koje vjetrovi podižu i razmeću" a Jakovljeva Poslanica 2:14 nam postavlja pitanje:

„Kakva je korist, braćo moja, ako ko reče da ima vjeru a djela nema? Zar ga može vjera spasti?"

Prema tome, ja vam naređujem da se sjetite da samo kada odbacite sve sumnje, stanete na kamen vjere i pokažete djela vjere, vi možete biti smatrani da posjedujete duhovnu vjeru sa kojom možete biti spašeni.

Istinska vjera i vječni život

Parabola o deset devojaka zapisana u 25. poglavlju Jevanđelja po Mateju daje mnogo pouka. Parabola govori da su deset devojaka uzele svoje lampe i izašle da se susretnu sa mladoženjom. Pet od njih bile su mudre i i ponele su ulje u pljoskama zajedno sa bocama i uspješno dočekale mladoženju, ali pošto su ostale pet bile budalaste i nisu ponele ulje za njihove lampe, one nisu mogle da se sretnu sa mladoženjom. Ova parabola nam govori da među vjernicima neki koji su vodili iskren život u vjeri i koji su se pripremali za povratak Gospoda sa duhovnom vjerom, biće spašeni, dok drugi koji se nisu dovoljno pripremili neće uspeti da steknu spasenje zato što je njihova vjera mrtva vjera koja nije praćena djelima.

Kroz Jevanđelje po Mateju 7:22-23, Isus nas budi da čak iako su mnogi prorokovali, odbacivali demone i izvodili čuda u

Njegovo ime, neće svako od njih biti spašen. To je zato što se ispostavilo da su oni kukolj koji nisu činili Božju volju već su umjesto toga praktikovali bezakonje i činili grijehove.

Kako mi možemo razlikovati pšenicu od kukolja?

Praktični engleski riječnik Oxford (The Compact Oxford English Dictionary) tumači „kukolj" kao „ljuska sjemena ili žita odvojena vijanjem ili vršidbom." Kukolj duhovno simbolizuje vjernike koji izgledaju kao da žive po riječi Božjoj ali čine zla ne mijenjajući njihova srca sa istinom. Oni idu u crkvu svake nedjelje, daju njihov desetak, mole se Bogu, brinu se o slabijim članovima i služe crkvi, ali oni čine sve ove stvari, ne prede Bogom, već da bi napravili predstavu pred očima drugih ljudi. Zbog toga su oni svrstani kao kukolj i ne mogu da dobiju spasenje.

Pšenica se odnosi na vjernike koji su se pretvorili u ljude od duha uz riječ Božje istine i posjeduju vjeru koja nije potresena u bilo kojim uslovima i ne okreće se niti lijevo niti desno. Oni čine sve sa vjerom: Oni poste sa vjerom i mole se Bogu sa vjerom, tako da oni mogu da dobiju odgovore od Boga. Oni ne čine na silu koju im nameću drugi, već čine sve sa radošću i zahvalnošću. Pošto oni prate glas Svetog Duha da bi udovoljili Bogu i čine sa vjerom, njihova duša napreduje, sve im ide na bolje i oni uživaju u dobrom zdravlju.

Sada ja vam zapovijedam da ispitate sebe da li ste služili Bogu u istini i duhu ili ste dremali i pratili prazne misli i osuđivali riječ Božju za vrijeme službe bogosluženja. Vi takođe morate da pogledate unazad da li ste davali ponude radosno ili ste posijali umjereno i bezvoljno zbog očiju drugih. Što jača vaša duhovna vjera raste, veća djela će vas pratiti. I koliko god da praktikujete riječ Božju, živa vjera vam je data i boravićete u ljubavi i blagoslovima Božjim, hodaćete sa Njim i bićete uspješni u svemu. Svi blagoslovi iz Biblije ća vam biti dati zato što je Bog vjeran Njegovim obećanjima kao što je zapisano u Brojevima 23:19: „Bog nije čovjek da laže, ni sin čovječji da se pokaje, šta kaže neće li učiniti? I šta reče neće li izvršiti?"

Međutim, ako ste posjetili službu bogosluženja i molili se na običan način i revnosno služili crkvi ali niste uspjeli da dobijete želje iz vašeg srca, onda morate da razumijete da je nešto pogriješno na vašoj strani.

Ako vi imate iskrenu vjeru, vi morate da pratite i praktikujete riječ Božju. Umjesto da insistirate na sopstvenim mislima i znanju, vi morate da priznate da je samo riječ Božja istina i da smognete hrabrost da uništite sve što je protiv riječi Božje. Vi morate da odbacite svako zlo u svakom obliku dok revnosno slušate riječ Božju i ispunite posvećenost kroz neprekidne molitve.

Nije istina da ste spašeni samo kroz obično posjećivanje crkvenih bogosluženja i dok slušate riječ Božju i skladištite je kao znanje. Ukoliko je ne praktikujete, to je mrtva vjera bez djela. Samo kada posjedujete iskrenu i duhovnu vjeru i činite volju Božju, vi ćete moći da uđete u nebesko kraljevstvo i uživate u vječnom životu.

Razumite da Bog želi od vas da imate duhovnu vjeru koja je praćena sa djelima i uživate u vječnom životu i u privilegiji da ste Božje dijete sa iskrenom vjerom!

Poglavlje 2

Tjelesno mudrovanje neprijateljstvo je Bogu

Poslanica Rimljanima 8:5-8

„*Jer koji su po mesu njihove misli se upravljaju po mesu, a koji su po duhu duhovno misle. Jer misao usredsređena na meso smrt je, a duhovno mudrovanje život je i mir, jer tjelesno mudrovanje neprijateljstvo je Bogu; jer se ne pokorava zakonu Božjem niti može, a koji su u mesu ne mogu Bogu ugoditi.*"

Danas postoji mnogo ljudi koji posjećuju crkvu i priznaju njihovu vjeru u Isusa Hrista. Ovo su srećne i dobre vijesti za nas. Ali naš Gospod Isus govori u Jevanđelju po Mateju 7:21: „Neće svaki koji Mi govori: Gospode! Gospode! ući u carstvo nebesko; no koji čini po volji Oca Mog koji je na nebesima." I On je dodao u Jevanđelju po Mateju 7:22-23: „Mnogi će reći Meni u onaj dan: „Gospode! Gospode, nismo li u ime Tvoje prorokovali i Tvojim imenom đavole izgonili i Tvojim imenom čudesa mnoga tvorili?" I tada ću im Ja kazati: „Nikad vas nisam znao; idite od Mene koji činite bezakonje.""

I Jakovljeva Poslanica 2:26 nam govori: „Jer, kao što je tijelo bez duha mrtvo, tako je i vjera bez dobrih djela mrtva." Zbog toga vi morate da načinite vašu vjeru kompletnom kroz djela pokornosti kako bi bili priznati kao iskreno dijete Božje koje dobija sve što ste potražili.

Nakon što mi prihvatimo Isusa Hrista kao našeg Spasitelja, mi sa našim mislima počinjemo da uživamo u tome i služimo zakonu Božjem. Međutim, ako ne uspijemo da održavamo zapovijesti Božje, onda mi služimo zakonu grijeha sa našim tijelom i nećemo uspjeti da Njemu udovoljimo. To je zato što smo sa tjelesnim mislima stavljeni u poziciju protiv Boga i nismo u mogućnosti da postanemo predmet zakona Božjeg.

Ali ako odbacimo tjelesne misli i pratimo duhovne misli,

mi možemo biti vođeni Duhom Božjim, održavati Njegove zapovijesti i Njemu udovoljiti na način na koji je Isus ispunio zakon s ljubavlju. Prema tome, obećanje Božje koje govori: „Sve je moguće onome koji vjeruje" dolazi nad nama.

Sada hajde da se udubimo u to koja je razlika između tjelesnih i duhovnih misli. Hajde da vidimo zašto su tjelesne misli neprijateljski naklonjene prema Bogu i kako možemo da izbjegnemo tjelesne misli i hodamo u skladu sa Duhom kako bi ugodili Bogu.

Tjelesan čovjek razmišlja o tjelesnim željama, dok duhovni čjovek želi stvari od duha

1) Meso i želje mesa

U Bibliji mi nailazimo na takav izraz kao što su: „meso," „stvari mesa," „želje mesa" i „djela mesa." Ove riječi su slične po značenju i sve će postati trule i nestaće nakon što napustimo ovaj svijet.

Želje/djela mesa su zapisana u Poslanici Galaćanima 5:19:21: „A poznata su djela mesa, koja su: preljubočinstvo, kurvarstvo, nečistota, besramnost, idolopoklonstvo, čaranja, neprijateljstva, svađe, pakosti, srdnje, prkosi, raspre, sablazni, jeresi, zavisti, ubistva, pijanstva, žderanja i ostala ovakva za koja vam naprijed kazujem kao što i kazah naprijed, da oni koji tako čine neće naslijediti carstvo Božje."

U Poslanici Rimljanima 13:12-14, apostol Pavle nas upozorava o željama mesa govoreći: „Noć prođe, a dan se približi. Da odbacimo, dakle, sva djela tamna i da se obučemo u oružje vidjela. Da hodimo pošteno kao po danu: ne u žderanju i pijanstvu, ne u kurvarstvu i nečistoti, ne u svađanju i zavisti. Nego se obucite u Gospoda Isusa Hrista i tjelu ne ugađajte po željama."

Mi imamo misli i razmišljanje. Kada mi štitimo griješne želje i neistine u našim mislima, te griješne želje i neistine su nazvane „želje mesa," a kada su te griješne želje otkrivene u djelima, one su nazvane „djela mesa." Želje i djela mesa su protivne istini, tako da niko ko se njima prepušta ne može da naslijedi kraljevstvo Božje.

Prema tome, Bog nas upozorava u 1. Korinćanima Poslanici 6:9-10: „Ili ne znate da nepravednici neće naslijediti carstvo Božije? „Ne varajte se: ni kurvari, ni idolopoklonici, ni preljubočinci, ni adžuvani, ni muželožnici, ni lupeži, ni lakomci, ni pijanice, ni kavgadžije, ni hajduci, carstvo Božje neće naslijediti" i takođe u 1. Korinćanima Poslanici 3:16-17:

„Ne znate li da ste vi crkva Božja i Duh Božji živi u vama? Ako pokvari ko crkvu Božju, pokvariće njega Bog, jer je crkva Božja sveta, a to ste vi."

Kao što je rečeno u oba stiha, vi morate da razumete da nepravednici koji čine grijehove i zlo u djelima ne mogu da naslede kraljevstvo Božje - oni koji praktikuju djela mesa ne mogu biti spašeni. Budite budni kako ne bi upali u zamku onih koji propovedaju da možemo biti spašeni samo ako posećujemo crkvu. U ime Gospodnje ja preklinjem da ne padnete u iskušenje tako što će te pažljivo proučavati reč Božju.

2) Duh i želje duha

Čovjek se sastoji od duha, duše i tijela; naše tijelo umire. Tijelo samo udomljava naš duh i dušu. Duh i duša su vječiti entiteti koji preuzimaju odgovornost funkcionisanja naših misli i opskrbuju nas životom.

Duh je svrstan u dvije kategorije: Duh koji pripada Bogu i duh koji ne pripada Bogu. Zbog toga 1. Poslanica Jovanova 4:1-3, kaže: „Ljubazni, ne vjerujte svakom duhu, nego kušajte duhove jesu li od Boga jer mnogi lažni proroci izidoše na svijet."

Duh Božji pomaže nam da priznamo da je Isus Hrist došao u tijelu vodi nas do spoznaje da su nam stvari slobodno date od Boga (1. Jovanova Poslanica 4:2; 1. Korinćanima Poslanica 2:12).

Isus je rekao u Jevanđelju po Jovanu 3:6: „Šta je rođeno od tijela, tijelo je a šta je rođeno od Duha, duh je." Ako mi prihvatimo Isusa Hrista i primimo Svetog Duha, Sveti Duh dolazi u naša srca, jača nas da razumijemo riječ Božju, pomaže nam da živimo po riječi istine i vodi nas da postanemo ljudi od duha. Kada Sveti Duh dođe u naša srca, On čini da naša djela duha ponovo ožive, tako da se kaže da smo ponovo rođeni od Duha i da smo postali posvećeni kroz obrezivanje srca.

Naš Gospod Isus govori u Jevanđelju po Jovanu 4:24: „Bog je Duh i koji Mu se mole, duhom i istinom treba da se mole." Duh pripada 4-voro dimenzijalnom svijetu i tako Bog koji je duh ne samo da vidi srca svakoga od nas već takođe zna sve o nama.

U Jevanđelju po Jovanu 6:63 govori se da: „Duh je ono što oživljava; tijelo ne pomaže ništa; riječi koje vam Ja rekoh duh su i život su," Isus nam objašnjava da nam Sveti Duh daje život i da je riječ Božja duh.

I Jevanđelje po Jovanu 14:17 govori: „I Ja ću umoliti Oca, i daće vam drugog utješitelja da bude s vama vavijek: To je Duh istine, kog svijet ne može primiti, jer Ga ne vidi niti Ga poznaje, a vi Ga poznajete, jer u vama stoji i u vama će biti." Ako mi primimo Svetog Duha i postanemo dijete Božje, Sveti Duh će nas voditi do istine.

Sveti Duh boravi u nama nakon što mi prihvatimo Gospoda i rađa duh u nama. On nas vodi i pomaže nam da razumijemo sve nepravednosti, pokajemo se i odvratimo od njih. Ako mi idemo protiv istine, Sveti duh jeca, čini da se osjećamo zabrinuto, ohrabruje nas da razumijemo naše grijehove i ispunimo posvećenost.

U nastavku Sveti Duh je nazvan Duhom Božjim (1. Korinćanima Poslanica 12:3) i Duhom Gospodnjim (Djela Apostolska 5:9; 8:39). Duh Božji je vječna istina i Duh koji daje život i vodi nas ka vječnom životu.

Sa druge strane, duh koji ne pripada Bogu već je protiv Duha Božjeg ne priznaje da je Isus došao na ovaj sviet u mesu i nazvan je „duh svijeta" (1. Korinćanima Poslanica 2:12), „duhom antihrista" (1. Jovanova Poslanica 4:3), „lažnim duhom" (1. Timotejeva Poslanica 4:1) i „nečistim duhom" (Otkrivenje Jovanovo 16:13). Svi ovi duhovi su od đavola. Oni nisu od Duha istine. Ovi duhovi neistine da daju život već umjesto toga vode ljude ka uništenju.

Sveti Duh se odnosi na savršenog Duha Božjeg i prema tome kada mi prihvatimo Isusa Hrista i postanemo Božje dijete, mi primamo Svetog Duha i Sveti Duh rađa duh i pravednost u nama i jača nas da uberemo plodove Svetog Duha, pravednost i Svjetlost. Kako mi ličimo na Boga kroz ovo djelo Svetog Duha, mi ćemo moći da budemo vođeni od Njega, budemo nazvani sinovima Božjim i zvati Boga: „Ava! Oče!" zato što smo dobili duh nasljedstva kao sinovi (Poslanica Rimljanima 8:12-15).

Zbog toga, koliko god smo vođeni Svetim Duhom, mi ćemo brati devet plodova Svetog Duha koji su ljubav, radost, mir, strpljenje, ljubaznost, dobrota, vjernost, nježnost i samokontrola (Poslanica Galaćanima 5:22-23). Mi ćemo takođe ubrati plod pravednosti i plodove Svjetlosti koji se sastoje u svakoj dobroti i pravednosti i istini, sa kojima mi možemo dostići potpuno spasenje (Poslanica Efežanima 5:9).

Tjelesne misli vode u smrt, ali duhovne misli vode ka životu i miru

Ako vi pratite meso, vi ćete postaviti vaše misli u stvarima od mesa. Vi ćete živjeti u skladu sa mesom i činićete grijehove. Onda, u skladu sa riječima Božjim koji govore: „Plata za grijeh je smrt," ne možete a da ne budete dovedeni u smrt. Zbog toga vam Gospod postavlja pitanje: „Kakva je korist, braćo Moja, ako ko reče da ima vjeru a djela nema? Zar ga može vjera spasti?" Tako i vjera ako nema djela, mrtva je po sebi" (Jakovljeva Poslanica 2:14, 17).

Ako postavite vaše misli u mesu, to neće uzrokovati samo da griješite i da patite u nevoljama na zemlji, već nećete moći da naslijedite nebesko kraljevstvo. Tako da, vi morate ovo da imate u mislima i da usmrtite djela mesa kako bi mogli da steknete vječni život. (Poslanica Rimljanima 8:13).

Suprotno tome, ako vi pratite Duh, vi ćete moći da postavite misli u Duhu i daćete najbolje od sebe da živite u istini. Onda će vam Sveti Duh pomoći da se borite protiv neprijatelja đavola i Sotone, odbacite neistinu i hodate u istini i vi ćete postati posvećeni.

Pretpostavimo da vas neko ošamari po obrazu bez ikakvog razloga. Možda ćete se osjetiti besno, ali vi možete da istjerate tjelesne misli i pratite duhovne umjesto toga dok se sjećate Isusovog razapeća. Zato što nam riječ Božja govori da mu okrenemo drugi obraz kada nas neko udari po jednom i da se radujemo u svim okolnostima, vi možete da oprostite, smireno istrajete i služite drugima. Kao rezultat, vi ne morate biti zabrinuti. Na ovaj način vi možete steći mir u vašem srcu. Dok ne postanete posvećeni, vi ćete možda željeti da zamjerite ili prekorite njega zato što zlo ostaje u vama. Ali, nakon što ste odbacili svaki oblik zlobe, vi ćete osjetiti ljubav prema njemu čak iako ste pronašli njegove greške.

Prema tome, ako postavite vaše misli u duhu, vi ćete tražiti duhovne stvari i hodaćete u riječi istine. Onda kao rezultat vi ćete steći spasenje i iskren život i vaš život će biti ispunjen mirom i blagoslovima.

Tjelesne misli su neprijateljski nastrojene prema Bogu

Tjelesne misli vas spriječavaju da se molite Bogu, dok vam one duhovne naređuju da se molite Njemu. Tjelesne misli vas dovode do neprijateljstva i svađa, dok vas one duhovne vode ka ljubavi i miru. Slično tome, tjelesne misli su protiv istine i one su u stvari volja i misli od neprijatelja đavola. Zbog toga ako vi nastavite da pratite tjelesne misli, barijera će biti izgrađena protiv Boga i to će stati na put Božjoj volji prema vama.

Tjelesne misli ne donose nikakav mir već zabrinutost, nemir i nevolju. Jednom riječju, tjelesne misli su u potpunosti beznačajne i ne donose nikakvu korist. Naš Otac Bog je svemoguć i sveznajući i kao Stvoritelj vladalac je nad nebesima i zemljom i svim stvarima u njima i takođe nad našim duhom i tijelima. Šta On ne bi mogao da da Njegovoj voljenoj djeci? Ako je vaš otac predsjednik velike industrijske grupe, vi nećete morati da brinete o novcu i ako je vaš otac savršen doktor medicine, vama je garantovano dobro zdravlje.

Kao što je Isus rekao u Jevanđelju po Marku 9:23: „Ako možeš? Sve je moguće onome koji vjeruje," duhovne misli donose vjeru i mir nad vama, dok vas tjelesne misli sprječavaju da ispunite volju i djela Božja davajući vam zabrinutost, nemir i nevolju. Zbog toga, u odnosu na tjelesne misli, Poslanica Rimljanima 8:7 kaže: „Jer tjelesno mudrovanje neprijateljstvo je Bogu, jer se ne pokorava zakonu Božjem niti može."

Mi smo djeca Božja koja služe Bogu i Njega nazivaju „Oče." Ako vi nemate radost već osjećate nevolju i zabrinuti ste, to međutim dokazuje da ste pratili tjelesne misli koje je izazvao neprijatelj đavo i Sotona umjesto duhovne misli koje su date od Boga. Onda, vi morate da se pokajete odmah, odvratite od toga i tražite duhovne misli. To je zato što možemo sebe da predamo Bogu i Njemu se povinujemo sa duhovnim mislima.

Oni koji su u mesu ne mogu da udovolje Bogu

Oni koji su postavili svoje misli u mesu nađeni su da su protiv Boga i oni neće i ne mogu da se predaju zakonu Božjem. Oni ne slušaju Boga i Njemu ne mogu da udovolje i na kraju pate u iskušenjima i nevoljama.

Pošto je Avram, otac vjere, uvijek tražio duhovne misli, on je mogao da se povinuje zapovjesti Božjoj koja je zahtjevala da njegov jedini sin Isak bude žrtva paljenica. Suprotno tome, kralj Saul, koji je pratio tjelesne misli, na kraju je bio ostavljen; Jonu je pogodila velika munja i progutala ga ogromna riba; Izraelci su morali da pate 40 godina u divljini posle Izlazka.

Kada vi pratite duhovne misli i pokažete djela vjere, vama mogu biti date želje srca, kao što je obećano u Psalmima 37:4-6: „Teši se Gospodom i učiniće ti šta ti srce želi." Predaj Gospodu put svoj i uzdaj se u Njega, On će učiniti. I izvešće kao vidjelo pravdu tvoju i pravicu tvoju kao podne."

Svako ko zaista vjeruje Bogu mora da istjera svu svoju nepokornost uzrokovanu od djela neprijatelja đavola, održava zapovijesti Božje i čini stvari koje Njemu udovoljavaju. Onda će on postati čovjek od duha i moći će da primi sve što je potražio.

Kako mi možemo da pratimo djela duha?

Isus, koji je Sin Božji, došao je na ovu zemlju i postao je zrno pšenice za griješnike i umro je za njih. On je popločao put spasenja za svakoga ko prihvati Njega da postane dijete Božje i ubrao je mnoge plodove. On je samo tražio duhovne misli i pokorio se volji Božjoj; On je dizao mrtve ponovo u život, iscjeljivao bolesne od različitih vrsta bolesti i proširio je kraljevstvo Božje.

Šta da uradite da biste preuzeli posle Isusa i da biste udovoljili

Boga?

Najprije, vi morate da živite u potpori Svetog Duha kroz molitve.

Ako se vi ne molite, vi ćete pasti pod djela Sotone i živjeti u skladu sa tjelesnim mislima. Međutim, kada se molite bez prestanka, vi možete da dobijete djela Svetog Duha u vašem životu, biti ubeđeni u ono što je pravedno, protiviti se grijehu, biti slobodni od osuda, pratiti želje Svetog Duha i postati pravedni iz Božjeg pogleda. Čak je i Sin Božji ispunio djela Božja kroz molitve. Pošto je volja Božja da se molite bez prestanka, kada ne prestajete da se molite, vi možete da pratite samo duhovne misli i udovoljite Bogu.

Drugo, vi morate da ispunite duhovna djela čak iako mislite da to ne želite. Vjera bez djela je samo vjera kao znanje. To je mrtva vjera. Kada vi znate šta treba da uradite, a to ne učinite, to je grijeh. Tako da, ako vi želite da pratite volju Božju i Njemu udovoljite, vi morate da pokažete djela vjere.

Treće, vi morate da se pokajete i primite moć odozgo kako bi mogli da posjedujete vjeru koja je praćena djelima. Pošto su tjelesne misli neprijateljski naklonjene prema Bogu, ako Njemu ne ugađate i gradite zid grijeha između Boga i vas, vi morate da se pokajete u tome i odbacite ih. Pokajanje je uvijek potrebno za dobar hrišćanski život, ali kako bi ih odbacili vi morate da pokidate vaše srce i pokajete se.

Ako vi počinite grijehove za koje ste znali da niste trebali da počinite, vaše srce će se osjećati nelagodno. Kada se pokajete od grijehova sa molitvama u suzama, brige i strepnja će vas napustiti, postaćete osvježeni, pomirićete se sa Bogom i onda možete da dobijete želje iz vašeg srca. Ako vi nastavite da se molite da se otarasite svakog oblika zla, vi ćete se pokajati od vaših grijehova kidajući vaše srce. Vaše grešne osobine će biti spaljene vatrom Svetog Duha i zidovi grijeha će biti uništeni. Onda, vi ćete moći da živite u djelima Duha i udovoljite Bogu u skladu sa tim.

Ako osjetite opterećenost u vašem srcu nakon što ste primili Svetog Duha kroz vjeru u Isusa Hrista, to je zato što ste sada pronašli sebe da ste protiv Boga zbog vaših tjelesnih misli. Tako da, vi morate da uništite zidove grijehova kroz revnosne molitve i onda pratite želje Svetog Duha i činite djela u Duhu u skladu sa duhovnim mislima. Kao ishod, mir i radost će ući u vaše srce, odgovori na vaše molitve će vam biti dati i želje u vašem srcu će biti ispunjene.

Kao što je Isus rekao u Jevanđelju po Marku 9:23: „Ako

možeš? Sve je moguće onome koji vjeruje," da svako od vas odbaci tjelesne misli koje su protiv Boga i hoda sa vjerom u skladu sa djelima Svetog Duha kako bi mogli da udovoljite Bogu, čini Njegova bezgranična djela i uveličava Njegovo kraljevstvo, u ime našeg Gospoda Isusa Hrista ja se molim!

Poglavlje 3

Uništi
sve vrste misli i teorija

2. Korinćanima Poslanica 10:3-6

„Jer ako i živimo po tijelu, ne borimo se po tijelu. Jer oružje našeg vojevanja nije tjelesno, nego silno od Boga za rušenje utvrđenja. Mi kvarimo pomisli I svaku visinu koja se podiže na poznanje Božije, i robimo svaki razum za pokornost Hristu, I u pripravnosti imamo osvetu za svaku nepokornost, kad se izvrši vaša pokornost."

Opet, vjera može biti podijeljena u dvije kategorije. Duhovna vjera i tjelesna vjera. Tjelesna vjera takođe može biti nazvana kao vjera koja je znanje. Kada prvo čujete riječ Božju, vi počinjete da imate vjeru kao znanje. To je tjelesna vjera. Ali koliko više razumijete i praktikujete riječ, vi počinjete da posjedujete duhovnu vjeru.

Ako vi razumijete duhovno značenje Božje riječi istine i postavite temelj vjere dok je praktikujete, Bog će se radovati i daće vam duhovnu vjeru. Ipak sa ovom duhovnom vjerom koja vam je data odozgo, vi ćete dobiti odgovore na vaše molitve i rješenja na vaše probleme. Vi ćete takođe iskusiti susret sa Bogom.

Kroz ovo iskustvo, sumnje će vas napustiti, ljudske mili i teorije će biti uništene i vi ćete stajati na kamenu vjere na kojem nikada nećete biti potrešeni bilo kojim iskušenjima ili nevoljama. Kada ste postali čovjek od istine i slični Hristu u srcu, to znači da je vaš temelj vjere trajno postavljen. Sa ovim temeljom vjere vi možete da dobijete sve što ste potražili u ovoj vjeri.

Baš kao što je naš Gospod rekao u Jevanđelju po Mateju 8:13: „Kako si vjerovao neka ti bude," ako posjedujete u potpunosti duhovnu vjeru, to je vjera sa kojom možete da dobijete sve što ste potražili. Moći ćete da živite život slaveći Boga u svemu što radite. Boravićete u ljubavi i tvrđavi Božjoj i postaćete za Boga veliki užitak.

Sada, hajde da se udubimo u nekoliko stvari koje se tiči duhovne vjere. Koje su prepreke za dobijanje duhovne vjere? Kako možete da posjedujete duhovnu vjeru? Koje vrste blagoslova su očevi duhovne vjere dobijali u Bibliji? I na kraju pogledaćemo i na to zašto su oni koji su postavili svoje misli kao tjelesne misli zaboravljeni?

Prepreke za sticanje duhovne vjere

Sa duhovnom vjerom vi možete da imate komunikaciju sa Bogom. Vi možete da čujete jasan glas Svetog Duha. Vi možete da dobijete odgovore na vaše molitve i molbe. Vi možete da slavite Boga kada god jedete ili pijete ili bilo šta da radite. I vi ćete živjeti u naklonosti, prepoznatljivosti i zaštićeni od strane Boga u vašem životu.

Zašto onda ljudi ne uspijevaju da posjeduju duhovnu vjeru? Sada ćemo razmotriti kakvi nas to faktori sprječavaju u posjedovanju duhovne vjere.

1) Tjelesne misli

Poslanica Rimljanima 8:6-7 kaže: „Jer misao usredsređena na meso smrt je, a duhovno mudrovanje život je i mir, jer tjelesno mudrovanje neprijateljstvo je Bogu; jer se ne pokorava zakonu Božjem niti može, a koji su u mesu ne mogu Bogu ugoditi".

Misli mogu biti podijeljene u dvije kategorije; one koje su po prirodi tjelesne i one koje su duhovne. Tjelesne misli se odnose na sve vrste sačuvanih misli u mesu i sastoje se od svih vrsta neistina. Tjelesne misli pripadaju grijehu zato što nisu u skladu sa voljom Božjom. One rađaju smrt kao što je rečeno u Poslanici Rimljanima 6:23: „Jer je plata za grijeh smrt." Suprotno tome, duhovne misli se odnose na misli istine i u skladu su sa voljom Božjom - pravednost i dobrota. Duhovne misli rađaju život i donose nam mir.

Na primjer, pretpostavimo da ste se suočili sa poteškoćom ili nevoljom koja se ne može prevazići ljudskom snagom ili sposobnošću. Tjelesne misli donose vam brige i strahove. Ali duhovne misli vas vode ka tome da odbacite brige i dajete zahvalnost i radujete se kroz riječ Božju, govoreći: „Radujte se svagda; molite se Bogu bez prestanka; na svačemu zahvaljujte; jer je ovo volja Božja u Hristu Isusu od vas" (1. Solunjanima Poslanica 5:16-18).

Prema tome, duhovne misli su totalna suprotnost onim tjelesnim, tako da sa tjelesnim mislima vi nećete niti možete biti predmet zakona Božjeg. Zbog toga su tjelesne misli neprijateljski naklonjene prema Bogu i spriječavaju nas da posjedujemo duhovnu vjeru.

2) Želje/djela mesa

Želje/djela mesa se odnose na sve grijehove otkrivene u djelima, baš kao što je definisano u Poslanici Galaćanima 5:19-21: „A poznata su djela mesa, koja su: preljubočinstvo, kurvarstvo, nečistota, besramnost, idolopoklonstvo, čaranja, neprijateljstva, svađe, pakosti, srdnje, prkosi, raspre, sablazni, jeresi, zavisti, ubistva, pijanstva, žderanja i ostala ovakva za koja vam naprijed kazujem kao što i kazah naprijed, da oni koji tako čine neće naslijediti carstvo Božje."

Ako vi ne odbacite želje mesa, vi ne možete niti posjedovati duhovnu vjeru niti naslijediti kraljevstvo Božje. Zbog toga vas djela mesa sprečavaju da posjedujete duhovnu vjeru.

3) Sve vrste teorija

Vebsterov rečnik (The Webster's Revised Unabridged Dictionary) odnosi se prema „teoriji" kao „doktrina ili poredak stvari koje se završavaju špekulacijom ili razmišljanjem bez cilja da obavlja; hipoteza; špekulacija" ili „jedno izlaganje opštih ili apstraktnih principa bilo koje nauke." Ova ideja teorije je dio znanja koja podržava stvaranje nečega od nečega ali nam nije od koristi u našem posjedovanju duhovne vjere. To nas poprilično spriječava u posjedovanju duhovne vjere.

Hajde da razmislimo o dviju teorija kreacionizma i

Darvinovoj evoluciji. Većina ljudi uči u školi da je čovječanstvo evoluiralo od majmuna. U direktnoj suprotnosti, Biblija nam govori da je Bog stvorio čovjeka. Ako vi vjerujete u svemogućeg Boga, vi morate da odaberete i pratite da je stvaranje nastalo od Boga iako ste učili u školi teoriju evolucije.

Samo kada se okrenete od teorije evolucije koja se uči u školi ka onom stvaranju od strane Boga, vi možete da posjedujete duhovnu vjeru. U suprotnom, sve teorije će vas spriječiti u posjedovanju duhovne vjere jer je nemoguće da vjerujete da je nešto napravljeno od ništavila sa teorijom evolucije. Na primjer, čak i sa razvojem nauke ljudi ne mogu da naprave sjeme života, spermu ili jajnike. Onda, kako je moguće vjerovati da je nešto napravljeno od ništavila, osim iz aspekta duhovne vjere?

Prema tome, mi moramo da opovrgnemo ove argumente i teorije i svaku ponosnu i uzvišenu stvar koja je sama po sebi postavljena protiv pravog znanja Božjeg i učinimo da nam svaka misao bude zarobljena u pokornosti prema Hristu.

Saul je pratio tjelesne misli i nije se povinovao

Saul je bio prvi kralj kraljevstva Izraela, ali on nije živio u skladu sa voljom Božjom. On je preuzeo prijesto na zahtjev naroda. Bog mu je zapovjedio da napadne Amalika i u potpunosti uništi sve što je imao i da ubije i muškarce i žene, djecu i bebe, volove i ovce, kamile i magarce i da nikoga ni malo ne štedi. Kralj Saul je porazio Amaličane i osvojio veliku pobjedu. Ali on se nije pokorio Božjoj zapovesti, već je poštedeo najbolje ovce i goveda.

Saul je činio u skladu sa tjelesnim mislima i poštedeo je Agaga i najbolje ovce, goveda, tovljenike, jagnjad i sve što je bilo dobro sa željom da ih prinese kao žrtve paljenice Bogu. On nije bio voljan da ih u potpunosti sve uništi. Ovo je čin nepokornosti i arogantnosti u Božjim očima. Bog ga je prekorio zbog njegovih pogrešnih djela kroz proroka Samuila kako bi mogao da se pokaje i odvrati. Ali, kralj Saul je pravio izgovore i insistirao na njegovoj pravednosti (1. Samuelova Poslanica 15:2-21).

Danas ima mnogo vjernika koji čine poput Saula. Ono ne shvataju njihovu očiglednu nepokornost, niti priznaju kada su zbog nje prekoreni. Umjesto toga, oni prave izgovore i insistiraju na na svoj način u skladu sa njihovim tjelesnim mislima. Na kraju oni nalaze sebe kao nepokorne ljude koji čine u skladu sa mesom kao i Saul. Pošto se svih 100 od 100 ljudi različiti po mišljenjima, ako oni čine u skladu sa njihovim sopstvenim mislima, oni ne mogu biti ujedinjeni. Ako oni čine u skladu sa njihovim sopstvenom mislima, oni se neće povinovati. Ali ako čine u skladu sa istinom Božjom, oni će moći da se povinuju i postanu ujedinjeni.

Bog je Saulu poslao proroka Samuela. Saul se nije pokorio Njegovoj riječi i prorok je rekao Saulu: „Jer je neposlušnost kao grijeh od čaranja i nepokornost kao sujeverstvo i idolopoklonstvo. Odbacio si riječ GOSPODNJU, zato je i On tebe odbacio da ne budeš više kralj" (1. Samuelova Poslanica 15:23).

Slično tome, ako se neko osloni na ljudska razmišljanja i ne prati volju Božju, to je neposlušnost prema Bogu, a ako ne shvati svoju neposlušnost niti se od nje ne okrene, on nema drugog izbora osim da od Boga bude zaboravljen poput Saula.

Mi čitamo u 1. Knjizi Samuelovoj 15:22-23: „Zar su mile GOSPODU žrtve paljenice i prinosi kao kad se sluša glas NJEGOV? Gle, poslušnost je bolja od žrtve i pokornost od pretiline ovnujske." Bez obzira koliko vaše misli izgledaju pravične, ako su one protiv riječi Božje, vi morate da se pokajete i od njih odmah okrenete. Pored toga, vi morate da učinite da vaše misli budu pokorne volji Božjoj.

Očevi vjere koji su se pokorili riječi Božjoj

David je bio drugi kralj Izraela. On nije pratio njegove sopstvene misli još od djetinjstva, već je hodao samo sa vjerom u Boga. On se nije plašio medvjeda i lavova kada je kao pastir čuvao njegovo stado i ponekad se borio i porazio lavove i medvjede sa vjerom da bi zaštitio stado. Kasnije samo sa vjerom, on je pobjedio Golijata, šampiona Filistejca.

Postoji incident u kojem se David jednom nije povinovao riječi Božjoj nakon što je postavljen na tron. Kada je bio prekoren od strane proroka zbog toga, on nije izgovorio ni jednu riječ izvinjenja, već se odmah pokajao i odvratio i na kraju je postao još više posvećeniji. Prema tome, postoji velika razlika između Saula, coveka sa tjelesnim mislima i Davida, čovjeka od duha (1. Samuelova Poslanica 12:13).

Dok je bio pastir svog stada u pustinji 40. godina, Mojsije je uništio sve vrste misli i teorija i postao je ponizan pred Bogom sve dok nije bio pozvan od strane Boga da povede Izraelce van granica Egipta.

Razmišljajući u skladu sa ljudskim mislima, Avram je zvao njegovu ženu „sestra." Međutim, nakon što je postao čovjek od duha kroz iskušenja, on je mogao da se pokori čak i zapovjesti od Božjoj koja govori da ponudi njegovog jedinog sina Isaka kao žrtvu paljenicu. Da se on makar malo oslonio na tjelesnu misao, on se ne bi ni malo pokorio zapovjesti. Isak je bio njegov jedini sin koga je dobio u kasnijim godinama i takođe je trebalo da bude sjeme obećanja od Boga. Tako da, sa ljudskim mislima, to bi moglo da se smatra ne prikladnim i nemogućim da ga siječe kao neku životinju i ponudi ga kao žrtvu paljenicu. Avram se nikada nije žalio već je umjesto toga vjerovao da će Bog moći da ga uzdigne iz mrtvih i on se pokorio (Poslanica Jevrejima 11:9).

Neman, komandant vojske kralja Sirije, bio je visoko poštovan i omiljen kod kralja, ali je bio pogođen leprom i došao je kod proroka Jeliseja da primi isceljenje do njegove bolesti. Pošto je doneo mnogo poklona da bi iskusio djela Božja, Jelisej ga nije pustio unutra već je poslao njegovog slugu da mu poruči: „Idi i okupaj se sedam puta u Jordanu, i ozdraviće tijelo tvoje, i očistićeš se" (2. Knjiga Kraljevima 5:10). Sa tjelesnim mislima, Neman je ovo smatrao nepristojnim i uvredljivim i postao je bijesan.

Ali on je uništio njegove tjelesne misli i pokorio se zapovjesti po datim savjetima njegovih slugu. On je zaronio u reku Jordan sedam puta i njegovo tijelo se obnovilo i on je postao čist.

Voda simbolizuje riječ Božju, a broj „7" stoji za savršenstvo, tako da „zaroni u Jordan 7 puta" znači „postati potpuno posvećen po riječi Božjoj." Kada vi postanete posvećeni, vi možete da dobijete rješenje na bilo koju vrstu problema. Prema tome, kada se Neman povinovao riječi Božjoj prorokovanu od strane proroka Jeliseja, velika djela Božja su se njemu dogodila (2. Knjiga Kraljevima 5:1-14).

Jednom kada otjerate ljudske misli i teorije vi se možete

pokoriti

Jakov je bio lukav i imao je sve vrste misli, tako da je pokušao da ispuni svoju volju sa različitim spletkama. Kao rezultat, on je 20 godina patio u različitim nevoljama. Na kraju on je pao u nepriliku u rijeci Javok. On nije mogao da se vrati u kuću ujaka zbog sporazuma koji je napravio sa njim, niti je mogao da ide naprijed zbog njegovog starijeg brata Isava, jer ga je čekao na suprotnoj strani rijeke da bi ga ubio. U ovoj očajnoj situaciji njegova samopravednost i sve tjelesne misli su bile u potpunosti uništene. Bog je dirnuo srce Isava i pomirio ga sa njegovim bratom. Na ovaj način, Bog je otvorio put života dako da je Jakov mogao da ispuni proviđenje Božje (Postanak 33:1-4).

Bog u Poslanici Rimljanima 8:5 govori: „Jer koji su po tijelu tjelesno misle, a koji su po duhu duhovno misle. Jer misao usredsređena na meso smrt je, a duhovno mudrovanje život je i mir, jer tjelesno mudrovanje neprijateljstvo je Bogu; jer se ne pokorava zakonu Božijem niti može, a koji su u mesu ne mogu Bogu ugoditi." Zbog toga mi moramo da uništimo svako mišljenje, svaku teoriju i svaku misao koja je rasla suprotno znanju Božjem. Mi moramo da učinimo da nam svaka misao bude zarobljena u pokornosti prema Hristu kako bi nam duhovna vjera bila data i pokažemo djela pokornosti.

Isus je dao novu zapovijest u Jevanđelju po Mateju 5:39-42, rekavši: „A Ja vam kažem da se ne branite oda zla, nego ako te ko udari po desnom tvom obrazu, obrni mu i drugi. I koji hoće da se sudi s tobom i košulju tvoju da uzme, podaj mu i haljinu. I ako te potjera ko jedan sat, idi s njime dva. Koji ište u tebe, podaj mu; i koji hoće da mu uzajmiš, ne odreci mu." Sa ljudskim mislima vi ne možete da se povinujete ovoj zapovjesti zato što su one protiv riječi istine. Ali ako uništite ljudske i tjelesne misli, vi možete da se povinujete sa radošću i Bog će dati da vam sve ide na bolje kroz vašu pokornost.

Bez obzira koliko puta ste sa vašim usnama priznali vašu vjeru, ako ne stavite vaše sopstvene misli i teorije u ništavilo, vi nećete moći niti da se pokorite niti da iskusite djela Božja, niti ćete biti vođeni ka napretku i uspjehu.

Ja vam zapovjedam da imate u mislima riječ Božju zapisanu u Isaiji 55:8-9: „Jer misli Moje nisu vaše misli, niti su vaši putevi Moji putevi," veli GOSPOD. „Nego koliko su nebesa više od zemlje, toliko su putevi Moji viši od vaših puteva i misli Moje od vaših misli.""

Morate da izbjegnete da imate tjelesne misli i ljudske teorije i umjesto toga da posjedujete duhovnu vjeru kao komandant kome je zapovijedio Isus zbog njegovog potpunog oslanjanja na Boga. Kada je komandant došao kod Isusa i tražio od Njega da iscjeli njegovog slugu čije je tijelo bilo paralizovano zbog šloga, on je priznao sa vjerom da će njegov sluga biti iscjeljen samo sa riječju koju Isus izgovori. On je dobio odgovore kako je vjerovao. Na isti način, ako vi posjedujete ovu duhovnu vjeru, vi možete da dobijete odgovore na sve vaše molitve i molbe i u potpunosti date slavu Bogu.

Riječ istine Božje mijenja duh čovječanstva i omogućuje mu da posjeduje vjeru praćenu djelima. Vi možete da dobijete Božje odgovore sa ovom živom i duhovnom vjerom. Neka svako od vas uništi sve tjelesne misli i ljudske teorije i posjeduje duhovnu vjeru kako bi dobili sve što ste potražili sa vjerom i slavili Boga.

Poglavlje 4

Posij sjeme vjere

Poslanica Galaćanima 6:6-10

„*A koji se uči riječi neka daje dio od svakog dobra onome koji ga uči.“ Ne varajte se: Bog se ne da ružiti; jer šta čovjek posije ono će i požnjeti. Jer koji sije u tijelo svoje, od tijela će požnjeti pogibao; a koji sije u duh, od duha će požnjeti život vječni. A dobro činiti da nam se ne dosadi, jer ćemo u svoje vrijeme požnjeti ako se ne umorimo. Zato dakle, dok imamo vremena da činimo dobro svakome, a osobiti onima koji su s nama u vjeri.“*

Isus nam obećava u Jevanđelju po Marku 9:23: „Ako možeš? Sve je moguće onome koji vjeruje." Tako da kada je kapetan došao pred Njim i pokazao tako veliku vjeru, Isus mu je rekao: „Kako si vjerovao neka ti bude" (Jevanđelje po Mateju 8:13), a onda je sluga bio iscjeljen baš u tom času.

Ovo je duhovna vjera koja nam dozvoljava da vjerujemo u ono što ne može biti vidno. I to je takođe vjera praćena djelima koja nam omogućuje da otkrijemo našu vjeru sa djelima. To je vjera sa kojom vjerujemo da je nešto napravljeno od ničega. Zbog toga je vjera definisana kao što slijedi u Poslanici Jevrejima 11:1-3: „Vjera je tvrdo pouzdanje u ono čemu se nadamo, osvjedočenje o stvarima koje ne vidimo. Jer u njoj stari dobiše svjedočanstvo. Vjerom poznajemo da je svijet riječju Božjom svršen, da je sve što vidimo iz ništa postalo."

Ako vi posjedujete duhovnu vjeru, Bog će uživati u vašoj vjeri i dozvoliće vam da primite sve što ste potražili. Šta onda mi treba da uradimo da bi posjedovali duhovnu vjeru?

Baš kao što seljak sadi sjeme na proleće i bere njegove plodove u jesen. mi moramo da posadimo sjeme vjere da bi posjedovali plodove duhovne vjere.

Sada hajde da pogledamo na to kako da posadimo sjeme vjere kroz parabole sijanja sjemena i branja njihovih plodova sa polja.

Isus je govorio masi ljudi u parabolama i On im se nije obraćao a da nije koristio parabole (Jevanđelje po Mateju 13:34). To je zato što je Bog duh a mi, koji živimo na ovoj zemlji kao ljudska bića, ne možemo da razumijemo duhovno kraljevstvo Božje. Tek kada smo naučili duhovno kraljevstvo sa parabolama ovog fizičkog svijeta, mi ćemo moći da razumijemo pravu volju Božju. Zbog toga ja ću vam objasniti kako da posijete sjeme vjere i posjedujete duhovnu vjeru sa nekoliko parabola poljoprivrednog zemljišta.

Da posijete sjeme vjere

1) Najprije, vi morate da očistite polje.

Prije svega, seljaku je potrebno polje da bi posadio sjeme. Da bi njegovo polje bilo podobno, seljak mora da upotrebi prikladna đubriva, prekopa zemlju, izvadi kamenje i razbije grudve zemlje na dijelove u procesu kultivacije koja uključuje oranje, drljanje i obrađivanje zemljišta. Samo onda će posijano sjeme u polju dobro rasti i proizvešće žetvu mnogih dobrih plodova.

U Bibliji, Isus nam se predstavio kao četiri vrste polja. Polje se odnosi na srce čovjeka. Prva kategorija je polje kraj ivice puta u kome sjeme ne može biti zasađeno zato što je zemlja mnogo čvrsta; druga je kamenito polje u kome sjeme jedva može da nikne zbog kamenja u polju; treće je trnovito polje u kome sjeme niče ali ne raste dobro i ne daje dobre plodove zato što ga trnje guši; i poslednja četvrta je dobro polje gdje sjeme niče, raste dobro, proizvodi cvjetove i daje mnoge dobre plodove.

Na isti način, polje srca čovjeka je svrstano u četiri kategorije; prvo je srce-polje pored puta u kome oni ne mogu da razumiju riječ Božju; drugo je kamenito srce-polje u kome oni primaju riječ Božju ali padaju daleko kada iskušenja i proganjanja rastu; treće je trnovito srce-polje u kome brige svijeta i zavodljivost bogatstva guše reč Božju i sprječavaju one koji slušaju o branju plodova; i poslednje i četvrto je dobro srce-polje u kojem oni razumiju Božju riječ i beru dobre plodove. Ali bez obzira koju vrstu srca-polja imate, ako vi kultivišete i čistite srce -polje baš kao i seljak koji se trudi i znoji na svom polju, srce-polje može biti okrenuto u ono dobro. Ako je čvrsto, morate da ga okopate i načinite ga mekim; ako je kamenito, vi morate da izvadite kamenje; ako je trnovito, morate da izvadite trnje i onda je načinite dobrom zemljom koristeći „đubrivo."

Ako je seljak lenj, on ne može da očisti polje i načini ga dobrim, dok revnosan seljak daje najbolje od sebe da povrati i očisti zemlju da bi napravio dobro polje. A onda kako se napravi na dobro polje, proizvešće bolje plodove.

Ako vi imate vjeru, vi ćete dati najbolje što možete da

promjenite vaše srce u ono dobro sa naporom i znojem. Onda, kako bi mogli da razumijete riječ Božju, načinite vaše srce onim dobrim a da bi ubirali mnoge plodove, vi morate da se borite protiv i odbacite vaše grijehove do tačke prolivanja krvi. Tako da, sa revnosnim odbacivanjem vaših grijehova i zla u skladu sa riječju Božjom baš kao što nam Bog zapovijeda da odbacimo svaki oblik zla, vi možete da pomjerite svaki kamen iz vašeg srca, iskorenite ga i pretvorite ga u ono dobro.

Seljak se marljivo muči i radi zato što vjeruje da će ubirati obilne plodove ako izore, drlja i obrađuje zemlju i menja polje u ono dobro. Na isti način, ja vam želim da vjerujete da ako kultivišete i promjenite vaše srce-polje u ono dobro, vi ćete boraviti u ljubavi Božjoj, bićete vođeni ka uspjehu i napretku i ući ćete na bolje nebesko mjesto i borićete se protiv i odbacićete grijehove do tačke prolivanja krvi. Onda, u vaše srce će sjeme vjere biti posađeno i moći ćete da ubirate onoliko plodova koliko ste u mogućnosti.

2) Sledeće, sjemena su neophodna.

Nakon čišćenja polja, vi treba da posadite sjeme i pomognete sjemenu da nikne. Seljak sije različite vrste plodova i ubira obilne plodove različitih vrsta kao što su kupus, zelena salata, tikvice, boranija, crveni pasulj i slično tome.

Na isti način, mi moramo da posadimo različite vrste sjemena u naše srce-polje. Riječ Božja nam govori da se uvijek radujemo, molimo bez prestanka, dajemo zahvalnost u svemu, dajemo cio desetak, održavamo Gospodnji dan svetim i volimo. Kada su ove riječi Božje zasađene u vašem srcu, one će niknuti, dobiće pupoljke i rašće proizvodeći duhovne plodove. Vi ćete moći da živite po riječi Božjoj i posjedujete duhovnu vjeru.

3) Voda i sunčeva svjetlost su neophodni.

Da bi seljak požnjeo dobru žetvu, za njega nije dovoljno samo da očisti polje i da pripremi sjeme. Voda i sunčeva svjetlost su takođe neophodni. Samo onda, sjeme će niknuti i dobro rasti.

Šta voda predstavlja?

Isus kaže u Jevanđelju po Jovanu 4:14: „A koji pije od vode koju ću mu Ja dati neće ožednjeti dovijeka; nego voda što ću mu Ja dati biće u njemu izvor vode koja teče u život vječni." Voda se duhovno odnosi na „vodu koja izvire u vječnom životu" a vječni život se odnosi na riječ Božju kao što je zapisano u Jevanđelju po Jovanu 6:63: „Riječi koje vam Ja rekoh duh su i život su." Zbog toga je Isus rekao u Jevanđelju po Jovanu 6:53: „Zaista, zaista vam kažem, ako ne jedete tijelo Sina Čovječijeg i ne pijete krv Njegovu, nećete imati život u sebi. Koji jede Moje tijelo i pije Moju krv ima život vječni i Ja ću ga vaskrsnuti u poslednji dan.

Jer je tijelo Moje pravo jelo i krv Moja pravo piće." U skladu sa tim, samo kad marljivo čitate, slušate i dejstvujete po riječi Božjoj i iskreno se molite njome, moći da idete putem vječnog života i posjedujete duhovnu vjeru.

Sljedeće, šta znači sunčeva svjetlost?
Sunčeva svjetlost pomaže sjemenu da prikladno nikne i dobro raste. Na isti princip, ako riječ Božja uđe u vaše srce, onda riječ koja je svjetlost istjeruje tamu iz srca. To pročišćava vaše srce i okreće srce u ono dobro. Tako da, vi možete da posjedujete duhovnu vjeru do mjere u kojoj svjetlost istine ispunjava vaše srce.

Kroz parabole ratarstva, mi smo naučili da moramo da očistimo srce-polje, pripremimo dobro sjeme i proizvedemo prikladnu vodu i sunčevu svjetlost kako je sjeme vjere posađeno. Sljedeće, hajde da pogledamo kako da posadimo sjeme vjere i kako da ga gajimo.

Kako zasaditi i gajiti sjeme vjere

1) Najprije, vi morate da posadite sjeme vjere u skladu sa Božjim putevima.

Seljak sije različita sjemena u skladu sa tim kakva sjemena jesu. On sadi neka sjemena duboko u zemlju, dok su neka površno zasijana. Na isti način, vi morate da razlikujete način sadnje sjemena vjere sa riječju Božjom. Na primjer, kada vi posijete molitve, vi morate da uzvikujete sa iskrenim srcem i po osnovnom pravilu da klečite dole kao što je objašnjeno u skladu sa riječju Božjom. Samo onda ćete moći da dobijete Božje odgovore (Jevanđelje po Luki 22:39-46).

2) Drugo, vi morate da sijete sa vjerom.

Baš kao što je seljak marljiv i strastven kada sije njegovo sjeme, zato što on vjeruje i nada se da će moći da bere plodove, vi morate da posijete sjeme vjere - riječ Božju - sa radošću i nadom da će vam Bog dozvoliti da imate obilne plodove. Tako da, u 2. Poslanici Korinćanima 9:6-7 On nas ohrabruje, govoreći nam: „Ovo pak velim: koji s tvrđom sie, s tvrđom će i požnjeti; a koji blagoslov sije, blagoslov će i požnjeti. Svaki po volji svog srca, a ne sa žalošću ili od nevolje; jer Bog ljubi onog koji dragovoljno daje."

To je zakon ovoga svijeta i zakon duhovnog kraljevstva koji bi trebali da uberemo ma šta god da smo posijali. Tako da, koliko god da vaša vjera raste, vaše srce polje će postati bolje. Kako više sijete više ćete požnjeti. Prema tome, ma koju vrstu sjemena da ste posijali sa vjerom, budite zahvalni i radujte se kako bi mogli da požnjete obilne plodove.

3) Treće, morate dobro da pazite sjeme koje je niklo.

Nakon što je seljak pripremio polje i posadio sjeme, on mora u sezoni biljke da zaliva, da prska insekticidima crve i insekte koji štete, nastavi da đubri polje i čupa korov. U suprotnom će uvenuti i neće moći da raste. Kada je posađena riječ Božja, ona takođe mora da bude kultivisana da bi zadržala neprijatelja đavola i Sotonu da joj se približe. Jedan mora da je kultiviše sa revnosnom molitvom, čvrsto se drži za nju sa radošću i zahvalnošću, posjećuje službe bogosluženja, djeli u hrišćanskom druženju, čita i sluša riječ Božju i služi. Onda posijano sjeme može da nikne, cvjeta i daje plodove.

Proces u kome cvjetovi cvjetaju i rađaju se plodovi

Ako se farmer ne brine o sjemenu nakon što ga zasadi, crvi će ga pojesti, korov će bujati i spriječiće sjeme da raste i daje plodove. Seljak ne bi trebalo da se plaši svoga rad već da pažljivo gaji biljke dok ne požnje dobre i obilne plodove. Kada pravo vrijeme dođe, sjemena rastu, cvjetaju i na kraju daju plodove kroz pčele i leptire. Kada plodovi uzreju, seljak radosno može na kraju da požnje dobre plodove. Koliko će radostan biti kada se sav njegov trud i strpljenje pretvori u dobre i vrijedne plodove kada požnje stotinu, šezdeset ili trideset puta više od onoga što je posijao!

1) Prvo, duhovni cvijet cvjeta.

Šta znači: „Duhovni cvijet raste i ispred stavlja duhovne cvjetove?" Ako cvjetovi cvjetaju, oni odaju miris i miris dovodi pčele i leptire. Na isti način, kada smo mi posadili sjeme riječi Božje u naše srce-polje i oni su zbrinuti, do mjere da mi živimo u skladu sa riječi Božjom mi ispred možemo da stavimo duhovne cvjetove i širimo miris Hrista. Pored toga, mi smo u mogućnosti da igramo ulogu svjetla i soli svijeta tako da mnogi ljudi mogu da vide naša dobra djela i slave našeg nebeskog Oca (Jevanđelje po Mateju 5:16).

Ako vi odajete miris Hrista, neprijatelj đavo će biti istjeran i vi ćete moći da slavite Boga u vašim domovima, poslovanjima i radnim mjestima. Bilo da jedete ili pijete ili bilo šta da radite, vi možete da slavite Boga. Kao rezultat, vi ćete ubrati plodove evangelizacije, ispunićete kraljevstvo i pravednost Boga i promjenićete se u čovjeka od duha time što ste očistili vaše srce-polje i načinili ga onim dobrim.

2) Sljedeće, plodovi su rodili i sazrijevaju.

Nakon što cvijetovi procvjetaju, plodovi počinju da se rađaju i kada plodovi postanu zreli, seljak ih bere. Ako ovo primjenimo u našoj vjeri, koju vrstu ploda ćemo moći mi da uberemo? Mi možemo da uberemo različite vrste plodova Svetog Duha, uključujući devet plodova Svetog Duha kao što je zapisano u Poslanici Galaćanima 5:22-23, plodove Blaženstva u Jevanđelju po Mateju 5 i plodove duhovne ljubavi kao što je zapisano u 1. Poslanici Korinćanima 13.

Kroz čitanje Biblije i slušajući riječ Božju, mi možemo da ispitamo da li smo proizveli cvjetove, ubrali plodove i koliko su zreli plodovi. Kada su plodovi potpuno zreli, mi možemo da ih uberemo u bilo koje vrijeme i uživamo u njima po potrebi. Psalmi 37:4 govore: „Tješi se GOSPODOM; i učiniće ti šta ti srce želi." To je isto kao stavljanje novca kao depozit na račun u banci i mogućnost da se potroši taj novac na način na koji to neko želi.

3) Na kraju, požnjećete kao što ste posijali.

U bilo koje vrijeme u sezoni, seljak žanje kako je šta posadio i on to ponavlja svake godine. Ovdje se količina njegove žetve razlikuje u skladu sa tim koliko je on posijao i koliko je marljivo i predano čuvao sjemena.

Ako ste posijali u molitvi, vaš duh će napredovati a ako ste posijali u lojalnosti i službi, vi ćete uživati u dobrom zdravlju u duhu i tijelu. Ako ste marljivo posijali u finansijama, vi ćete uživati u finansijskim blagoslovima i pomagaćete siromašnima sa dobrovoljnim prilozima koliko god da to želite. Bog nam obećava u Poslanici Galaćanima 6:7: „Ne varajte se: Bog se ne da ružiti; jer šta čovjek posije ono će i požnjeti."

Mnogi dijelovi Biblije potvrđuju ovo obećanje Božje koje kaže da će čovjek što posije to i požnjeti. U sedamnaestom poglavlju 1. Knjige Kraljevima je priča o udovici koja je živjela u Sareptu. Zato što nije bilo kiše na zemlji i potoci su presušili, ona i njen sin bili su na granici gladovanja. Ali ona je donela pregršt brašna u činiju sa malo ulja u krčagu za Iliju, čovjeka Božjeg. U tom vremenu kada je hrana bila vrednija od zlata, ona to nije mogla da učini bez vjere. Ona je vjerovala i oslonila se na riječ Božju koja je bila propovjedana kroz Iliju i posijala je sa vjerom. Bog joj zauzvrat dao nevjerovatne blagoslove zbog njene vjere, a ona, njen sin i Ilija su mogli da jedu dok teška glad nije prošla (1. Knjiga Kraljevima 17:8-16).

Jevanđelje po Marku 12:41-44, predstavlja nam siromašnu udovicu koja stavlja dva mala bakarna novčića, čija je vrijednost jedan cent, u riznicu. Kakav veliki blagoslov je ona dobila kada je Isus pohvalio njeno djelo!

Bog je postavio zakon duhovnog kraljevstva i govori nam da možemo požnjeti šta smo posijali. Ali ja vam zapovjedam da se sjetite da je ismevanje prema Bogu ako želite da požnjete kada niste posijali. Vi morate da vjerujete da će vam Bog dozvoliti da berete stotinu, šezdeset ili trideset puta više nego što ste posijali.

Kroz parabolu o seljaku, mi smo pogledali na to kako da sijete sjeme vjere i kako da ga gajite kako bi posjedovali duhovnu vjeru. Sada, ja vam želim da povratite vaše srce-polje i da ga načinite dobrim. Sadite sjemena vjere i kultivišite ih. Prema tome, vi treba da sadite koliko god da je moguće i gajite ga sa vjerom i nadom i strpljenjem kako biste primili blagoslove sto, šezdeset ili trideset puta. Kada pravo vijreme dođe, vi ćete požnjeti plodove i daćete veliku slavu Bogu.

Neka svako od vas vjeruje u svaku riječ iz Biblije i posije sjeme vjere u skladu sa učenjem riječi Božje kako bi mogli da berete obilne plodove, slavili Boga i uživali u svim vrstama blagoslova!

Poglavlje 5

„„„Ako možeš?"
Sve stvari su moguće!"

Jevanđelje po Marku 9:48-27

I upita [Isus] oca njegovog: „Koliko ima vremena kako mu se to dogodilo?" A on reče: „Iz djetinjstva. I mnogo puta baca ga u vatru i u vodu da ga pogubi. Nego ako šta možeš pomozi nam, smiluj se na nas!" A Isus mu reče: „„„Ako možeš?" Sve je moguće onome koji vjeruje." Otac je rekao Isusu: „Ja vjerujem, pomozi mojoj nevjerici." A Isus videći da se stiče narod, zapreti duhu nečistom govoreći mu: „Duše nemi i gluvi, Ja ti zapovjedam, izađi iz njega i više ne ulazi u njega." I povikavši i izlomivši ga vrlo izađe; i učini se kao mrtav tako da mnogi govorahu: „Umre!" A Isus uzevši ga za ruku podiže ga; i usta.

Ljudi skladište njihova životna iskustva kroz utiske kroz koje su prošli uključujući radosti, žaljenja i bolove. Mnogi od njih se ponekad susreću i pate u ozbiljnim problemima koje ne mogu da riješe sa suzama, istrajanjem ili uz pomoć drugih.

Ovo su problemi u bolestima koje ne mogu da se izliječe sa modernom medicinom; mentalnim problemima zbog stresa u životu koji ne mogu da se otkriju sa bilo kojom vrstom filozofije ili psihologije; problemima kod kuće i sa djecom koji ne mogu biti riješeni ni sa najvećom količinom bogatstva; problemi u poslovanjima i finansijama koji se ne mogu ispuniti ni na koje načine ili naporima. I spisak se nastavlja dalje. Ko može da riješi sve te probleme?

U Jevanđelju po Marku 9:21-27, mi nailazimo na konverzaciju između Isusa i oca sina koji je bio zaposjednut zlim duhovima. Dijete je ozbiljno patilo kako od gluvonijemosti tako i od epileptičkih napada. On se često bacao u vodu i vatru zbog opsednutosti demonom. Kad god bi ga demoni obuzimali, bacali bi ga na zemlju i on je penio iz ustiju, škrgutao bi zubima i kočio se.

Hajde sada da pogledamo kako da dobijemo rješenje na naše probleme od Isusa.

Isus je prekorio oca zbog njegove nevjerice

Dijete je bilo gluho i nijemo još od rođenja tako da nikoga nije mogao da čuje i imao je ozbiljne probleme da bude razumljiv drugima. Njega je često mučila epilepsija i pokazivao je simptome grčenja. Zbog toga je otac morao da živi u sredini bolova i straha i nije imao ni malo nade u životu.

Vremenom je otac čuo vijesti o Isusu koji je vraćao mrtve nazad u život, iscjeljivao bolesne od svih vrsti bolesti, otvarao oči slijepima i izvodio mnoga čuda. Vijesti su posadile nadu u očevom srcu. On je mislio: „Ako on ima istu moć kao što sam čuo, on bi mogao da iscjeli mog sina od svih bolesti." On je pretpostavljao da će sinovljevo iscjeljenje možda imati priliku da se dogodi. Samo sa takvim očekivanjem on je doveo njegovog sina kod Isusa i Njega molio, govoreći: „Nego ako šta možeš pomozi nam, smiluj se na nas!"

Kada ga je Isus čuo, On ga je prekorio zbog njegove nevjerice, govorivši mu: „„„Ako možeš?" Sve je moguće onome koji vjeruje." To je bilo zato što je otac čuo o Isusu, ali nije vjerovao u Njega iz srca.

Da je otac vjerovao da je Isus Sin Božji i Svemogući sa kojim ništa nije nemoguće i Sama Istina, on nikada ne bi morao da Njemu kaže: „Nego ako šta možeš pomozi nam, smiluj se na nas!"

Bez vjere je nemoguće udovoljiti Bogu a bez duhovne vjere nemoguće je dobiti odgovore. Kako bi Isus dao priliku da otac razumije ovu činjenicu, On je rekao ocu: „Ako možeš?" i prekorio zato što nije u potpunosti vjerovao.

Kako posjedovati potpunu vjeru

Kada vjerujete u ono što ne može da se vidi, vaša vjera može biti prihvatljiva za Boga i vjera je nazvana „duhovna vjera," „iskrena vjera," „živa vjera" ili „vjera praćena djelima." Sa ovom vjerom vi možete vjerovati da je nešto napravljeno od ništavila. To je zato što je vjera tvrdo čekanje onog čemu se nadamo i dokazivanje onog što ne vidimo (Poslanica Jevrejima 11:1-3).

Vi morate da vjerujete u srcu put krsta, vaskrsenja, povratka Gospoda, stvaranja Božjeg i čuda. Samo tada možete biti smatrani da imate potpunu vjeru. Kada vi priznajete vjeru sa vašim usnama, to je prava vjera.

Postoje tri uslova da u potpunosti posjedujete vjeru.

Prije svega, barijera grijehova protiv Boga mora biti uništena. Ako vidite da imate barijeru ispunjenu grijehovima, vi morate da je uništite kroz pokajanje od grijehova. Osim toga, vi morate da se borite protiv vaših grijehova do tačke prolivanja krvi i izbjegnete svaki oblik zla da ne bi počinili ni jedan grijeh. Ako vi mrzite grijeh do mjere da se pri samoj pomisli na grijeh osjećate zabrinuto i postajete nervozni i strah vas na sam pogled na grijeh, kako možete da se usudite da zgriješite? Umjesto da živite život u grijehu vi možete da komunicirate sa Bogom i da posjedujete potpunu vjeru.

Drugo, vi mora da pratite volju Božju. Kako bi činili volju Božju, vi morate jasno da razumijete koja je volja Božja. Onda, bez obzira šta vi lično želite, ako to nije volja Božja, vi to ne treba da radite. Sa druge strane, šta god da je to što ne želite da uradite, ako je to volja Božja, vi morate to da učinite. Kada pratite Njegovu volju svim vašim srcem, snagom i mudrošću, On će vam dati potpunu vjeru.

Treće, vi morate da ugodite Bogu sa ljubavlju prema Njemu. Ako vi radite sve stvari zbog slave Božje, bilo da jedete ili pijete ili bilo šta da radite i ako ugađate Bogu čak i žrtvujući sebe, uvijek ćete posjedovati potpunu vjeru. Vjera je ta koja čini mogućim ono što je nemoguće. Sa ovom potpunom vjerom, vi nećete vjerovati samo u ono što je viđeno i moguće da se ispuni sa vašom snagom, već takođe i ono što nije viđeno i nemoguće sa ljudskim osobinama. Prema tome, kada vi priznate ovu potpunu vjeru, sve što je nemoguće postaće moguće.

Prema tome, riječ Božja koja govori: „Ako možeš?" Sve je

moguće onome koji vjeruje" će doći nad vama i vi ćete moći da slavite Njega u svemu što radite.

Ništa nije nemoguće onom ko vjeruje

Kada vam je data potpuna vjera, ništa nije nemoguće za vas i vi možete da dobijete rješenja na sve vrste problema. U kojim oblastima vi možete da iskusite moć Božju koja čini nemoguće mogućim? Hajde da pogledamo na tri vrste oblasti.

Prvo od tri oblasti su problemi bolesti.

Pretpostavimo da ste bolesni zbog bakterijske ili virusne infekcije. Ako vi pokažete vjeru ili ste ispunjeni Svetim Duhom, vatra Svetog Duha će spaliti te bolesti i vi ćete biti iscijeljeni. Mnogo detaljnije, ako se pokajete od vaših grijehova i okrenete se od njih, vi možete biti iscijeljeni kroz molitve. Ako ste početnik u vjeri, vi morate da otvorite vaše srce i slušate riječ Božju sve dok niste u mogućnosti da pokažete vašu vjeru.

Sledeće, ako ste pogođeni ozbiljnom bolešću koja ne može biti izliječena sa medicinskim tretmanima, vi morate da pokažete dokaz velike vjere. Samo kada se potpuno pokajete u svojim grijehovima kidajući vaše srce i držite se uz Boga kroz molitve u suzama, vi možete biti iscijeljeni. Ali oni koji imaju slabu vjeru ili koji su tek počeli da idu u crkvu ne mogu biti iscijeljeni sve dok im ne bude data duhovna vjera i kako im je sve više bliža ta vjera, malo po malo djela iscjeljenja im se događaju.

Na kraju, fizički deformiteti, abnormalnosti, hromost, gluvoća, mentalni i fizički hendikepirana stanja i naslijedni problemi ne mogu biti obnovljeni bez Božje moći. Oni koji pate od takvih uslova treba da pokažu njihovu iskrenost pred Bogom i predstave dokaz vjere da vole i ugode Njemu kako bi bili prepoznati od strane Boga i onda djela iscjeljenja mogu da im se dogode kroz moć Božju.

Ova djela iscjeljenja mogu da im se dogode samo kada pokažu djela vjere na način na koji ih je pokazao slijepi prosjak Vartimej koji je dozivao Isusa (Jevanđelje po Marku 10:46-52), kapetan koji je otkrio njegovu veliku vjeru (Jevanđelje po Mateju 8:6-13) i paralizovan čovjek i njegova četiri prijatelja koji su predstavili dokaz njihove vjere pred Isusom (Jevanđelje po Marku 2:3-12).

Druga oblast su finansijski problemi.

Ako pokušavate da riješite finansijske probleme sa vašim znanjem, putevima i iskustvom bez pomoći od Boga, problem može biti riješen samo u skladu sa vašim sposobnostima i naporima. Međutim, ako odbacite sve vaše grijehove, pratite volju Božju i predate Bogu vaše probleme sa vjerovanjem da će vas povesti na Njegov put, onda će vaša duša napredovati, sve što radite ići će vam dobro i uživaćete u dobrom zdravlju. Šta više, zato što hodate u Svetom Duhu, vi ćete dobiti blagoslove Božje.

Jakov je pratio ljudske puteve i mudrost u njegovom životu sve dok se nije rvao sa anđelom Božjim na rijeci Javok. Anđeo je dotakao čašicu butne kosti i butna kost se isčašila iz čašice. U ovom rvanju sa anđelom Božjim, on je sebe predao Bogu i sve je Njemu ostavio. Od tog vremena pa na dalje on je dobio blagoslove od Boga zato što je bio sa njim. Na isti način, ako volite Boga, njemu ugađate i predate sve Njemu u ruke, sve će vam ići na dobro.

Treće se tiče toga kako da dobijete duhovnu snagu.

Mi nailazimo u 1. Poslanici Korinćanima 4:20 da se Božje kraljevstvo ne sastoji od riječi već od moći. Moć postaje veća kako sve više posjedujemo potpunu vjeru. Božja moć nam dolazi različito u skladu sa našom mjerom molitva, vjerom i ljubavlju. Djela Božjih čuda, koja su na višem nivou od dara iscijeljenja, mogu biti izvedena samo od strane onih koji dobijaju Božju moć kroz molitve i post.

Prema tome, ako posjedujete potpunu vjeru, nemoguće će postati vama moguće i možete sa hrabrošću da priznate: „„Ako možeš? Sve je moguće onome koji vjeruje."

„Ja vjerujem, pomozi mojoj nevjerici."

Postoji neophodan proces kako bi primili rješenja za bilo koju vrstu problema.

Prvo, da bi započeo proces vi morate da ponudite pozitivno priznanje sa vašim usnama.

Postojao je otac koji je bio u agoniji dugo vremena zato što je njegov sin bio zaposjednut zlim duhovima. Kada je otac čuo o Isusu, on je počeo da ima čežnju u srcu da Njega vidi. Kasnije je otac doveo njegovog sina kod Isusa sa očekivanjem da će postojati šansa da će njegov sin moći da bude iscijeljen. Čak iako on nije imao sigurnost u tome, on je pitao Isusa da iscijeli njegovog sina.

Isus je prekorio oca zato što je rekao: „Ako možeš?" Ali zatim On ga je ohrabrio rekavši mu: „Sve je moguće onome koji vjeruje." Na ove riječi ohrabrenja, otac je uzviknuo i rekao: „Ja vjerujem, pomozi mojoj nevjerici." Prema tome, on je dao ovo pozitivno priznanje pred Isusom.

Zato što je čuo samo sa njegovim ušima da su sve stvari moguće sa Isusom, on je to razumio u svom mozgu i priznao je vjeru sa njegovim usnama, ali nije priznao vjeru koja bi učinila da vjeruje iz srca. Iako je imao vjeru kao znanje, njegovo pozitivno priznanje postalo je podsticaj vršenja duhovne vjere i dovelo ga da dobije odgovor.

Sljedeće, vi morate da posjedujete duhovnu vjeru koja čini da vjerujete iz srca.

Otac demonom opsjednutog djeteta imao je žarku želju da dobije duhovnu vjeru i rekao je Isusu: „Ja vjerujem, pomozi mojoj nevjerici" (Jevanđelje po Marku 9:23). Kada je Isus čuo očev zahtjev, On je znao za očevo iskreno srce, istinitost, iskrenu molbu i vjeru i tako mu je On dao duhovnu vjeru koja mu je dozvolila da vjeruje iz njegovog srca. Prema tome, pošto je otac počeo da posjeduje duhovnu vjeru, Bog je mogao da radi za njega i on je dobio odgovore od Boga.

Kada je Isus zapovjedio u Jevanđelju po Marku 9:25: „Duše nemi i gluvi, Ja ti zapovjedam, izađi iz njega i više ne ulazi u njega"

Jednom riječju, dječakov otac nije mogao da dobije Božji odgovor sa tjelesnom vjerom koja je bila sačuvana jedva kao znanje. Ali, odmah kako je primio duhovnu vjeru, Božji odgovor mu je bio odmah dat.

Treća oblast u procesu je da uzvikujete u molitvi sve do poslednjeg momenta dok dobijate odgovore.

U Jeremiji 33.3, Bog nam obećava: „Zovi Me i odazvaću ti se i kazaću ti velike i tajne stvari, za koje ne znaš," a u Jezekilju 36:36 On nas uči: „Još će Me tražiti dom Izrailjev da im učinim." Kao što je gore navedeno, Isus, proroci Starog Zavjeta i učenici Novog Zavjeta uzvikivali su i molili su se Bogu da bi dobili Njegove odgovore.

Po istom principu, samo kroz uzvikivanje u molitvi vi možete da dobijete vjeru koja vam dozvoljava da vjerujete iz srca i samo kroz takvu duhovnu vjeru vi možete da dobijete odgovore na vaše molitve i probleme. Vi morate da uzvikujete u molitvama sve dok ne dobijete odgovore i onda će za vas nemoguće postati moguće. Otac demonom opsjednutog dječaka mogao je da dobije odgovor zato što je uzvikivao prema Isusu.

Ova priča o ocu demonom opsjednutog dječaka daje nam važnu lekciju u zakonu Božjem. Kako bi iskusili riječ Bogu koja govori: „„Ako možeš?" Sve je moguće onome koji vjeruje," vi morate da okrenete vašu tjelesnu vjeru ka duhovnoj vjeri koja vam pomaže da posjedujete potpunu vjeru, stanete na kamen i povinujete se bez sumnji.

Da sumiramo procese, prvo mi morate da date pozitivno priznanje sa vašom tjelesnom vjerom koja je skladirana kao znanje. Onda morate da uzvikujete ka Bogu u molitvama sve dok ne dobijete odgovore. I na kraju vi morate da dobijete duhovnu vjeru od gore koja vam omogućuje da vjerujete iz srca.

I, da bi se susreli sa sva tri uslova da bi dobili potpune odgovore, prvo morate da uništite zid grijeha protiv Boga.

Sljedeće, pokažite djela vjere sa iskrenošću. Onda pustite da vaša duša napreduje. Koliko god da ispunite ova tri uslova, vama će biti data duhovna vjera od gore i biće moguće ono što je nemoguće.

Ako pokušate da uradite stvari sami umjesto da ih predate svemogućem Bogu, vi ćete imati nevolje i susrešćete se sa poteškoćama. Suprotno tome, ako uništite ljudske misli koje vas tjeraju da razmotrite da je to nemoguće i prepustite sve Bogu, On će učiniti sve za vas, šta će biti nemoguće?

Tjelesne misli su neprijateljski naklonjene prema Bogu (Poslanica Rimljanima 8:7). One vas ometaju u vjerovanju i uzrokuju vam da razočarate Boga čineći negativna priznanja. One pomažu Sotoni da donese optužbe protiv vas i takođe donosi testove, iskušenja, nevolje i poteškoće nad vama. Prema tome, vi morate da uništite ove tjelesne misli. Bez obzira sa kojim vrstama problema s vi susrećete, uključujući problem napredovanja vaše duše, poslovanja, posla, bolesti i porodice, vi treba da ih predate u Božje ruke. Vi mora da se oslonite na svemogućeg Boga, vjerujete da će On učiniti mogućim ono što je nemoguće i uništite sve vrste tjelesnih misli sa vjerom.

Kada vi date pozitivno priznanje govoreći: „Ja vjerujem" i molite se Bogu iz srca, Bog će vam dati vjeru koja će vam pomoći da vjerujete iz srca i sa ovom vjerom On će vam dozvoliti da dobijete odgovore na sve vrste problema i Njega slavite. Kako je ovo samo blagosloven život!

Da hodate samo u vjeri kako bi ispunili kraljevstvo i pravednost Božju, da ispunite Poslanje apostola u propovjedanju jevanđelja svijetu i da činite volju Božju koja vam je dodjeljena i da činite od nemogućeg moguće kao vojnik krsta i osvjetlite svjetlo Hrista, u ime Isusa Hrista ja se molim!

Poglavlje 6

Danilo se oslanjao jedino na Boga

Danilo 6:21-23

Tada Danilo reče kralju: ,,Kralju da si živ dovijeka! Bog moj posla anđela Svog i zatvori usta lavovima, te mi ne naudiše; jer se nađoh čist pred Njim, a ni tebi kralju, ne učinih zla." Tada se kralj veoma obradova tom i zapovijedi da izvade Danila iz jame. I izvadiše Danila iz jame i ne nađe se rane na njemu, jer vjerova Bogu svom. .

Kada je on bio dijete, Danilo je bio odveden u ropstvo u Vavilonu. Ali kasnije, on je postavljen na poziciju kao kraljev miljenik kao desna ruka kralja. Zato što je on volio Boga do najvišeg stepena, Bog mu je podario znanje i inteligenciju u svakoj oblasti kulture i mudrosti. Danilo je čak i razumio sve vrste vizija i snova. On je bio političar i prorok koji je otkrio moć Božju.

Tokom čitavog njegovog života, Danilo se nije kompromitovao sa svijetom u službi Božjoj. On je prevazišao sva iskušenja i testove sa vjerom mučenika i slavio je Boga u velikim pobjedama sa vjerom. Šta bi mi trebali da uradimo da posjedujemo istu vjeru kao što je on posjedovao?

Hajde da istražimo zašto je Danilo, koji je bio odmah do kralja kao vladar Vavilona, bačen u lavlji kavez i kako je preživio u lavljem kavezu bez ijedne ogrebotine na tijelu.

Danilo, čovjek od vjere

Za vreme vladavine kralja Rovoama, ujedinjeno kraljevstvo Izraela je podijeljeno na dva dijela - južno kraljevstvo Judeje i sjeverno kraljevstvo Izraela, zbog degradacije kralja Solomona (1. Knjiga Kraljevima 11:26-36). Kraljevi i nacije koje su se pokorile zapovjestima Božjim bile su napredne ali oni koji se nisu pokorili zakonu Božjem su uništeni.

U godini 722 prije Hrista, sjeverno kraljevstvo Izraela srušilo se pod napadom Asirije. U to vrijeme mnogi ljudi su bili zarobljeni u Asiriji. Južno kraljevstvo Judeje je bilo takođe napadnuto, ali nije bilo uništeno.

Kasnije je kralj Navuhodonosor napao južno kraljevstvo Judeje i u trećem pokušaju je srušio grad Jerusalim i uništio hram Božji. To je bilo u godini 586 prije Hrista.

U trećoj godini kraljevine Joakima, kralj Judeje, Navuhodonosor kralj Vavilona došao je u Jerusalim i opkolio je. U ovom napadu, kralj Navuhodonosor vezao je kralja Joakima jakim bronzanim lancima da bi ga odveo u Vavilon, a takođe je i ponio nekoliko predmeta iz Božjeg doma u Vavilon.

Danilo je pored kraljevske porodice i plemstva uzet među prvim zarobljenicima. Oni su živjeli u zemlji neznabožaca, ipak Danilo je napredovao dok je služio nekoliko kraljeva - Navuhodonosoru i Valtasaru, koji su bili kraljevi Vavilona i Dariju i Kiru koji su bili kraljevi Persije. Danilo je živio u zemlji neznabožaca dugo vremena i služio je zemljama kao jedan od vladara poslije kraljeva. Ali on je pokazao vjeru sa kojom se on nije kompromitovao sa svijetom i vodio je pobjednički život kao prorok Božji.

Navuhodonosor, kralj Vavilona naredio je šefu njegovih zvaničnika da uvedu neke od sinova Izraela, uključujući neke iz kraljevske porodice i plemstva, mlade u kojima nema mana, koji su bili dobrog izgleda, koji pokazuju inteligenciju u svakoj grani mudrosti, obdareni sa razumijevanjem i pronicljivog znanja i koji imaju sposobnost da služe na kraljevom dvoru; i naredio je njemu da ih uči literaturi i jeziku Haldejaca i da imaju hranu po izboru kralja i vino koje on pije i naznačio je da oni treba da budu edukovani tri godine. Danilo je bio jedan od njih (Danilo 1:4-5).

Ali Danilo je promijenio mišljenje da on neće sebe ukaljati kraljevim izborom hrane ili sa vinom koje je pio, tako da je potražio dozvolu od komandanta zvaničnika da ne bi sebe ukaljao (Danilo 1:8). Ovo je bila vjera Danila koji je želio da održava Božji zakon. Sada je Bog odobrio naklonost i samilost u očima od komandanta zvaničnika (stih 9). Tako da je nadzornik nastavio da uzima njegov i izbor hrane njegovih prijatelja i vina koje su trebali da piju i nastavio je da im daje bareno povrće (stih 16).

Pošto je On vidio vjeru Danila, Bog mu je dao znanje i inteligenciju u svakoj grani literature i mudrost; Danilo je čak razumio sve vrste vizija i snova (stih 17). I u svemu čemu treba mudrost i razum, za šta ih kralj zapita, nađe da su deset puta bolji od svih vrača i zvjezdara što ih bijaše u svemu kraljevstvu njegovom (stih 20).

Kasnije je kralj Navuhodonosor bio zabrinut zbog sna koji je sanjao i nije mogao da spava i niko od Haldejaca nije mogao da protumači njegov san. Ali Danilo je uspio da ga protumači uz mudrost i moć Božju. Onda je kralj unaprijedio Danila i dao mu mnogo velikih darova i načinio ga vladaocem cijele provincije Vavilona i starješinom nad svim mudracima Vavilona (Danilo 2:46- 48).

Ne samo u vrijeme vladavine Navuhodonosora kralja Vavilona već takođe i u vreme vladavine Valtazara Danilo je stekao naklonost i priznanje. Kralj Valtazar izdao je objavu da je Danilo imao vlast kao treći vladalac u kraljevstvu. Kada je kralj Valtazar bio ubijen i kada je Darije postao kralj, Danilo je ipak stekao naklonost kralja.

Kralj Darije je postavio 120 namjesnika nad kraljevstvom i nad njima još tri starješine. Ali pošto se Danilo razlikovao od namjesnika i starješina sa svojim izvanrednim duhom, kralj je planirao da ga postavi nad cijelim kraljevstvom.

Tada su namjesnici i starješine pokušavali da pronađu osnovu za optužbu protiv Danila u vezi državnih poslova; ali nijesu mogli da pronađu nijedan osnov za optužbu niti dokaz o korupciji pošto je bio vjeran i ni jedan nemar niti ni jedan dokaz o korupciji nije mogao da se u njemu pronađe. Oni su kovali plan da pronađu osnovu za optužbu protiv Danila koja je u odnosu sa zakonom Božjim. Oni su tražili od kralja da treba da postavi zakon i oštru zabranu da svako ko se moli za nešto bilo kom bogu pored kralja, treba da bude bačen u lavlji kavez trideset dana. I oni su tražili da kralj uspostavi naredbu i potpiše dokumenat koji ne može biti promjenljiv u skladu sa zakonom Midejaca i Persijanaca i koji ne kože biti opozvan. Dakle, kralj Darije je potpisao dokumenat koji je naredba.

Kada je Danilo saznao da je dokument potpisan, on je ušao u njegovu kuću i u šupljinama na njegovom krovu imao je otvorene prozore prema Jerusalimu; i on je nastavio da kleči na kolenima tri puta na dan, moleći se i davajući zahvalnost pred njegovim Bogom, kao što je činio to ranije (Danilo 6:10). Danilo je znao da bi trebao da bude bačen u lavlji kavez ako prekrši zabranu, ali se odlučio za smrt mučenika i služio je samo Bogu.

Čak i u sredini ropstva u Vavilonu, Danilo se uvijek sjećao milosti Božje i revnosno je Njega volio do tačke da je klečao na zemlji, molio se i davao Njemu zahvalnost tri puta na dan bez prestanka. On je imao jaku vjeru i nikada se nije kompromitovao sa svijetom u njegovoj službi prema Bogu.

Bačen Danilo u lavlji kavez

Ljudi koji su bili ljubomorni na Danila došli su do sporazuma i naišli na Danila koji se molio i preklinjao pred svojim Bogom. Onda su prišli i govorili pred kraljem o kraljevoj naredbi. Na kraju je kralj shvatio da su ljudi od njega zahtjevali da postavi naredbu ne zbog samog kralja već zbog njihovih spletkarenja u uklanjanju Danila i bio je veoma iznenađen. Ali pošto je kralj potpisao dokument i objavio naredbu, on sam nije mogao da je preokrene.

Odmah nakon što je kralj čuo ovu izjavu, on je bio duboko uznemiren i razmišljao je o tome kako da Danila izbavi. Ali namjesnici i starješine primorali su kralja da sprovede zabranu i kralj nije imao izbora osim da to uradi.

Kralj je bio primoran da izda naređenje i Danilo je bio bačen u lavlji kavez i kamen je postavljen na vrata kaveza. Ovo je bilo zato što se ništa neće promjeniti u odnosu na Danila.

Onda je kralj, koji je voleo Danila, otišao u svoj dvor i proveo noć u postu i ni jedna vrsta zabave mu nije bila dovedena; i nije mogao da zaspi. Onda je kralj ustao u zoru i u žurbi otišao do lavljeg kaveza. Bilo je sasvim prirodno za očekivati da bačen Danilo u kavez gladnih lavova bude pojeden. Ali kralj koji je u žurbi išao do lavljeg kaveza očekivao je da bi možda mogao da preživi.

U to vrijeme, mnogi osuđivani kriminalci bivali su bačeni

u lavlje kaveze. Ali kako je mogao Danilo da nadvlada gladne lavove i preživi tamo? Kralj je mislio u sebi bi Bog kome je Danilo služio mogao da njega spasi i prišao je kavezu. Kralj je uzviknuo zabrinutim glasom, progovorio je i rekao Danilu: „Danilo, slugo Boga živoga, Bog tvoj, kome služiš bez prestanka, može li te izbaviti od lavova?"

Na njegovu zaprepašćenost Danilov glas se čuo i lavljeg kaveza. Danilo reče kralju: „Kralju, da si živ dovijeka! Bog moj posla anđela Svog i zatvori usta lavovima, te mi ne naudiše; jer se nađoh čist pred Njim, a ni tebi kralju, ne učinih zla" (Danilo 6:21-23).

Tada se kralj veoma obradova tom i zapovijedi da izvade Danila iz jame. Kada je Danilo izvađen iz lavljeg kaveza, nijedna rana nije bila na njemu. Koliko je nevjerovatno to bilo! Ovo je bio veliki trijumf koji je bio izveden vjerom Danila koji je vjerovao u Boga! Zato što je Danilo vjerovao u živog Boga, on je preživio u sredini gladnih lavova i otkrio je slavu Božju čak i nejevrejima.

Potom zapovjedi kralj, te dovedoše ljude koji bijahu optužili Danila i baciše u jamu lavovsku njih, djecu njihovu i žene njihove; i još ne dođoše na dno jami, a lavovi ih zgrabiše i sve im kosti potrše (Danilo 6:24). Onda je kralj Darije napisao je svim narodima, nacijama i ljudima na svim jezicima koji su živjeli u svim zemljama i dozvolio im je da se plaše Božjeg otkrivanja njima ko je Bog.

Kralj im je izjavio: „Mir da vam se umnoži! Od mene je zapovjest da se u svoj državi kraljevstva mog svak boji i straši Boga Danilovog, jer je On Bog živi, koji ostaje dovijeka i carstvo se Njegovo neće rasuti i vlast će Njegova biti do kraja. On izbavlja i spasava i čini znake i čudesa na nebu i na zemlji, On je izbavio Danila od sile lavovske" (Danilo 6:26-27).

Koliko je velika pobjeda vjere? Sve ovo se dogodilo zato što ni jedan grijeh nije pronađen u Danilu i on je u potpunosti vjerovao u Boga. Ako mi hodamo u riječi Božjoj i boravimo u Njegovoj ljubavi, u bilo kojoj vrsti situacije ili uslova, Bog će vas opskrbiti sa putem za izlazak i daće vam pobjedu.

Danilo, pobednik velike vjere

Koju vrstu vjere je Danilo posjedovao da je mogao da da takvu veliku slavu Bogu? Hajde da pogledamo koju vrstu vjere je Danilo imao da je mogao da prevaziđe bilo koja iskušenja i nevolje i otkrije slavu živog Boga mnogim ljudima.

Najprije, Danilo nikada nije kompromitovao njegovu vjeru sa

bilo čim sa ovoga svijeta ni iz jednog razloga.

On je bio zadužen za opšte poslove u zemlji kao jedan od namjesnika Vavilona i bio je vrlo dobro svjestan da će biti bačen u lavlji kavez ako prekrši naredbu. Ali on nikada nije pratio ljudske misli i mudrost. On se nije plašio ljudi koji su kovali zavjere protiv njega. On je kleknuo na zemlju i molio se Bogu kao što je to ranije činio. Da je on pratio ljudske misli, za vrijeme 30 dana dok je zabrana bila na snazi, on je mogao da prestane da se moli Bogu ili da se moli u tajnoj sobi. Danilo, ipak nije učinio ni jedno od ta dva. On nije tražio da mu se život poštedi niti se kompromitovao sa svijetom. On je samo održavao svoju vjeru sa njegovom ljubavlju prema Bogu.

Jednom riječju, to je bilo zbog toga zato što je on imao vjeru mučenika da, iako je znao da je dokument bio potpisan, on je ušao u svoj dom i na njegovom krovu on je imao otvoren prozor prema Jerusalimu. On je nastavio da kleči tri puta na dan, moleći se i davajući zahvalnost pred njegovim Bogom, kao što je to i ranije činio.

Drugo, Danilo je imao vjeru sa kojom nije prestajao da se moli.

Kada je pao u situaciju u kojoj je morao sebe da pripremi za smrt, on se molio Bogu kao što je navikao ranije. On nije htio da počini grijeh da prestane da se moli (1. Samuelova knjiga 12:23).

Molitve su dahovi naših duhova, tako da mi ne treba da prestanemo da se molimo. Kada nas zadese testovi i iskušenja, mi moramo da se molimo a kada smo u miru, mi treba da se molimo da ne upadnemo u nevolje (Jevanđelje po Luki 22:40). Zato što on nije prestao da se moli, Danilo je mogao da zadrži njegovu vjeru i prevaziđe iskušenja.

Treće, Danilo je imao vjeru sa kojom je davao zahvalnost u bilo kojim okolnostima.

Mnogi očevi vjere zapisani u Bibliji daju zahvalnost u svemu sa vjerom zato što su oni znali da je to prava vjera i daju zahvalnost u bilo kojim okolnostima. Kada je Danilo bio bačen u lavlji kavez zato što je pratio zakon Božji, to je postala pobjeda u vjeri. Čak i da su ga pojeli lavovi, on bi bio stavljen u ruke Božje i živio bi u vječnom kraljevstvu Božjem. Bez obzira kakav bi ishod trebao da bude, u njemu nije bilo straha! Ako osoba u potpunosti vjeruje u nebesa, ona ne može da se plaši smrti.

Čak iako je Danilo trebao da živi u miru kao vladalac kraljevstva posle kralja, to bi bila samo privremena čast. Ali ako bi zadržao svoju vjeru i umro mučeničkom smrću, on bi bio prepoznat od Boga, smatran kao veliki u nebeskom kraljevstvu i živio bi u vječnoj sijajućoj slavi. Zbog toga je on kao jedinu stvar koju je davao bila zahvalnost.

Četvrto, Danilo nikada nije zgriješio. On je imao vjeru sa kojom je pratio i praktikovao riječ Božju.

Što se tiče državnih poslova, nisu postojale osnove za optužbu protiv Danila. Nije bilo traga korupciji, nemara niti neiskrenosti u njemu. Koliko je čist njegov život bio!

Danilo nije osjećao žalost i nije imao loša osjećanja prema kralju koji je naredio da ga bace u lavlji kavez. Umjesto toga, on je i dalje bio vjeran kralju do mjere da je progovorio i rekao njemu: „Kralju, da si živ dovijeka!" Da mu je ovaj test bio dat zato što je počinio grijeh, Bog ne bi mogao da ga zaštiti. Ali pošto Danilo nije počinio grijeh, on je mogao da bude zaštićen od strane Boga.

Peto, Danilo je imao vjeru u kojoj je u potpunosti vjerovao samo Bogu.

Ako mi imamo ponizan strah od Boga, u potpunosti se oslonimo na Njega i predamo u Njegove ruke svaku stvar, On će riješiti za nas sve vrste problema. Danilo je kompletno vjerovao Bogu i u potpunosti se oslonio na Njega. Tako da, on se nije kompromitovao sa svijetom već je izabrao zakon Božji i tražio je Božju pomoć. Bog je vidio Danilovu vjeru i učinio da mu sve ide dobro. Blagoslovi su dodavani na blagoslove tako da je velika slava mogla da bude data Bogu.

Ako mi imamo istu vjeru koju je Danilo imao, bez obzira sa

kojim vrstama iskušenja i nevolja se susrećemo, mi možemo da ih prevaziđemo, okrenemo ih u prilike blagoslova i iznesemo ih kao svjedočenje o živom Bogu. Neprijatelj đavo se šunja naokolo i traži nekoga da prožderе. Tako da, mi moramo da odupremo đavolu sa jakom vjerom i živimo pod zaštitom Boga pridržavajući se i poštujući riječ Božju.

Kroz iskušenja koja nam dolaze i traju na momenat, Bog će usavršiti, potvrditi, ojačati i utemeljiti nas (1. Petrova Poslanica 5:10). Da posjedujete istu vjeru kao Danilo, sve vrijeme hodate sa Bogom i Njega slavite, u ime našeg Gospoda Isusa Hrista ja se molim!

Poglavlje 7

Bog daje unaprijed

Postanak 22:11-14

Ali anđeo Gospodnji viknu ga s neba i reče: „Avrame, Avrame!" A on odgovori: „Evo me." Ne diži ruku svoju na dijete i ne čini mu ništa; jer sada poznah da se bojiš Boga, kad nisi požalio sina svog, jedinca svog, Mene radi." I Avram podigavši oči svoje pogleda; i gle, ovan iza njega zapleo se u česti rogovima; i otišavši Avram uze ovna i spali ga na žrtvu mjesto sina svog. I nazva Avram ono mjesto GOSPOD će se postarati, zato se i danas kaže: „Na brdu, gdje će se GOSPOD postarati."

Jehovah-jireh! (GOSPOD će se postarati) Kako uzbudljivo je tako kada se čuje! To znači da je Bog pripremio sve unaprijed. Danas mnogi su vjernici u Boga čuli i znaju da Bog čini, priprema i vodi nas unaprijed. Ali mnogi ljudi ne uspevijaju da iskuse ovu riječ Božju u njihovim životima sa vjerom.

Riječ „Jehovah-jireh" je riječ blagoslova, pravednosti i nade. Svako želi i teži kao ovim stvarima. Ako mi ne shvatimo stazu na koju se ova riječ odnosi, mi ne možemo da uđemo na put blagoslova. Tako da, ja želim da podijelim sa vama vjeru Avrama kao primjer čovjeka koji je dobio blagoslov „Jehovah-jireh."

Avram je postavio riječ Božju iznad svega

Isus je rekao u Jevanđelju po Marku 12:30: „Ljubi Gospoda Boga svog svim srcem svojim i svom dušom svojom i svom misli svojom." Kao što je opisano u Postanku 22:11-14, Avram je volio Boga do te mjere da je mogao da komunicira sa Bogom licem u lice, razumio je volju Božju i dobio je blagoslov Jehovah-jireh. Vi treba da razumijete da nije ni malo slučajno što je on to sve dobio.

Avram je postavio Boga iznad svega i smatrao je Njegovu riječ mnogo važnijom od bilo čega drugoga. Tako da, on nije pratio njegove sopstvene misli i uvijek je bio spreman da se povinuje Bogu. Zato što je bio iskren prema Bogu i sebi bez ikakvih neistina, on je bio spreman do dubine u njegovom srcu da primi blagoslove.

Bog je rekao Avramu u Postanku 12:1-3: „Idi iz zemlje svoje i od roda svog i iz doma oca svog u zemlju koju ću ti ja pokazati; I učiniću od tebe velik narod i blagosloviću te i ime tvoje proslaviću i ti ćeš biti blagoslov; blagosloviću one koji tebe uzblagosiljaju i prokleću one koji tebe usproklinju. I u tebi će biti blagoslovena sva plemena na zemlji."

U ovoj situaciji, da je Avram koristio ljudske misli, on bi se osjetio pomalo zabrinutim kada mu je Bog zapovijedio da krene naprijed iz njegove zemlje, njegovih rođaka i očeve kuće. Ali on je smatrao Boga Ocem, Stvoriteljem, kao prvim. Čineći tako on je mogao da se povinuje i prati volju Božju. Na isti način, svako može da se povinuje Bogu sa radošću ako zaista voli Boga. To je zato što on vjeruje da Bog uzrokuje da sve dobro bude za njega.

Mnogi dijelovi Biblije nam pokazuju da su mnogi očevi vjere koji su smatrali riječ Božju iznad svega hodali u skladu sa Njegovom riječju. 1. Knjiga Kraljevima 19:20-21 kaže: „ A on [Jelisej] ostavi volove i otrča za Ilijom i reče: „Da celujem oca svog i mater svoju; pa ću ići za tobom." A on mu reče: „Idi, vrati se, jer šta sam ti učinio?" I on se vrati od njega i uze jaram volova i zakla ih i na drvima od pluga skuva meso i dade ga narodu, te jedoše. Potom ustavši otide za Ilijom i služaše mu." Kada je Bog pozvao Jeliseja kroz Iliju, on je odmah napustio sve što je imao i išao je po volji Božjoj.

Isto je bilo i sa učenicima Isusovim. Kada ih je Isus pozvao, oni su Njega odmah pratili. Jevanđelje po Mateju 4:18-22 nam govori: „I idući pokraj mora galilejskog vide dva brata, Simona, koji se zove Petar i Andriju brata njegovog, gdje meću mreže u more, jer bijahu ribari. I reče im: „Hajdete za mnom i učiniću vas lovcima ljudskim." A oni taj čas ostaviše mreže i za Njim otidoše. I otišavši odatle vide druga dva brata, Jakova Zevedejevog i Jovana brata njegovog, u lađi sa Zevedejem ocem njihovim gdje krpe mreže svoje i pozva ih. A oni taj čas ostaviše lađu i oca svog i za Njim otidoše."

Zbog toga ja vam oštro naređujem da posjedujete vjeru sa kojom možete da se povinujete ma koja god da je volja Božja i da smatrate da je Božja riječ na prvom mjestu kako bi Bog mogao da čini za dobro u svemu za vas sa Njegovom moći.

Avram je uvijek odgovorio: „Da"

U skladu sa Božjom riječju, Avram je napustio njegovu zemlju Haran i otišao je u zemlju Hanan. Ali pošto je glad tamo bila veoma ozbiljna, on je morao da se premjesti u zemlju Egipat (Postanak 12:10). Kada se tamo premjestio, Avram je nazvao njegovu suprugu „sestra" da spriječi da ga ubiju. U vezi sa tim, neki kažu da je obmanuo ljude oko njega govoreći im da je ona njegova sestra zato što se plašio i bio kukavica. Ali u stvarnosti on im nije lagao, već je samo koristio njegove ljudske misli. To je dokazano činjenicom da kada mu je zapovjedano da napusti njegovu zemlju, on se povinovao bez straha. Tako da, nije istina da ih je on obmanuo da je ona bila njegova sestra zato što je bio kukavica. On je to učinio, ne samo zato što je ona zaista bila jedna od njegovih rođaka, već takođe zato što je mislio da je bolje da je zove „sestra" umjesto „žena."

Dok je boravio u Egiptu, Avram je bio prečišćen od strane Boga da je mogao u potpunosti da se osloni na Boga sa savršenom vjerom a da ne prati ljudsku mudrost i misli. On je uvijek bio spreman da se povinuje, ali u njemu su ostale tjelesne misli kojih je trebao tek da odbaci. Kroz ovo iskušenje Bog mu je dozvolio Faraonu Egipta da se prema njemu ophodi dobro. Bog je Avramu dao mnogo blagoslova uključujući i ovce i goveda i magarce i muške i ženske sluge i magarice i kamile.

Ovo nam govori da ako iskušenja dođu nama zato što se nismo povinovali mi treba da patimo u nevoljama, dok ako iskušenja dođu zbog tjelesnih misli mi još uvijek nismo odbačeni, čak iako smo poslušni, Bog će uzrokovati da radimo za dobro.

Ovo iskušenje mu je omogućilo da samo kaže „Amin" i povinuje se u svemu a zatim mu je Bog zapovijedio da prinese kao žrtvu paljenicu njegovog jedinog sina Isaka. U Postanku 22:1 čitamo: „Poslije toga htjede Bog okušati Avrama, pa mu reče: „Avrame! A on odgovori: „Evo me."

Kada je Isak rođen, Avram je bio sto godina star a njegova žena Sara, je bila devedeset godina stara. Što se tiče roditelja bilo je svakako nemoguće da imaju dijete ali samo uz milost i obećanje Božje, njima je sin rođen a sin je za njih bio vrijedniji od bilo čega drugoga. Pored toga, on je bio sjeme obećanja Božjeg. Zbog toga je on bio toliko začuđen kada mu je Bog zapovijedio da prinese njegovog sina kao žrtvu paljenicu poput životinje! Bilo je to van bilo koje ljudske zamisli.

Međutim, zato što je Avram vjerovao da će Bog moći da uzdigne njegovog sina ponovo iz smrti, on je mogao da se povinuje zapovijesti Božjoj (Poslanica Jevrejima 11:17-19). Sa druge tačke gledišta, zato što su sve njegove tjelesne misli bile uništene, on je mogao da posjeduje vjeru sa kojom je mogao da prinese njegovog sina Isaka kao žrtvu paljenicu.

Bog je vidio vjeru Avrama i pripremio je ovna za žrtvu paljenicu, kako Avram ne bi mogao da ispruži njegove ruke protiv njegovog sina. Avram je našao ovna sa upletenim rogovima u šipražju i uzeo je ovna i prineo ga kao žrtvu paljenicu umjesto njegovog sina. I nazvao je to mjesto „GOSPOD će se postarati."

Bog je zapovijedio Avramu o njegovoj vjeri, rekavši mu u Postanku 22:12: „Jer sada poznah da se bojiš Boga, kad nisi požalio sina svog, jedinca svog, Mene radi." i dao mu je nevjerovatne blagoslove u stihovima 17-18: „Zaista ću te blagosloviti i sjeme tvoje veoma umnožiti, da ga bude kao zvijezda na nebu i kao pijeska na brijegu morskom; i naslijediće sjeme tvoje vrata neprijatelja svojih. I blagosloviće se u sjemenu tvom svi narodi na zemlji, kad si poslušao glas Moj.

Iako vaša vjera nije dostigla nivo Avramove, vi ste možda ponekad iskusili blagoslov „GOSPOD će se postarati." Kada se spremate da nešto uradite, vi nailazite da je Bog to već pripremio. To je bilo moguće zato što je vaše srce bilo po Bogu u tom momentu. Ako ste u mogućnosti da posjedujete istu vjeru koju je imao Avram i u potpunosti se povinujete Bogu, vi ćete živjeti u blagoslovu „GOSPOD će se postarati" bilo gdje i bilo kada; kako je nevjerovatan život u Hristu!

Da bi dobili blagoslov Jehovah-jireh, „GOSPOD će se postarati," vi morate da kažete: „Amin" na bilo koju zapovijest Božju i hodate u skladu sa voljom Božjom ne insistirajući ni malo na vašim sopstvenim mislima. Vi morate da steknete to priznanje od Boga. Zbog toga nam Bog jasno govori da je povinovanje bolje od žrtva paljenica (1. Samuilova Poslanica 15:23).

Isus je postojao po obliku Božjem, ali On nije smatrao jednakost sa Bogom kao stvar kojom treba da se hvali, već je

On ispraznio Sebe, uzeo oblik obaveznog sluge i napravljen je u obliku čovjeka. I On je Sebe ponizio i postao poslušan do smrti (Poslanica Filipljanima 2:6-8). A što se tiče Njegove kompletne pokornosti, 2. Korinćanima Poslanica 1:19-20 govori: „Jer Sin Božji Isus Hristos, kojega mi vama pripovjedamo, ne bi da i ne, nego u Njemu bi. Jer koliko je obećanja Božjh, u Njemu su da i u Njemu Amin, Bogu na slavu kroz nas."

Kao što je jedini začeti Sin Božji rekao samo „Da," mi moramo nesumnjivo reći: „Amin" na svaku riječ Božju i Njega slaviti dok dobijamo blagoslov „GOSPOD će se postarati."

Avram je tražio mir i svetost u svemu

Zato što je smatrao riječ Božju iznad svega drugoga i Njega volio više nego bilo šta, Avram je samo rekao „Amin" na riječ Božju i potpuno se njoj pokorio da bi mogao Bogu da udovolji.

Pored toga, on je postao u potpunosti posvećen i uvijek je težio da bude u miru sa svima u njegovoj okolini, kako bi mogao da stekne priznanje od Boga.

U Postanku 13:8-9, on je rekao svom nećaku Lotu: „Nemoj da se svađamo ja i ti, ni moji pastiri i tvoji pastiri; jer smo braća. Nije li ti otvorena cijela zemlja? Odjeli se od mene; ako ćeš ti na lijevo, ja ću na desno; ako li ćeš ti na desno ja ću na lijevo."

On je bio stariji od Lota, ali on je dao Lotu priliku da izabere zemlju da bi stvorio mir i sebe žrtvovao. To je bilo zato što on nije tražio sopstvenu korist već za druge u njegovoj duhovnoj ljubavi. Na isti način, ako vi živite u istini, vi ne treba da se svađate niti da se hvalite sobom kako bi bili u miru sa svakim.

U Postanku 14:12, 16, mi nailazimo da kada je Avram čuo da je njegov nećak Lot zarobljen, on je postavio njegove obučene ljude, rođene u njegovom domu, tri stotine i osamnaest, i pošao je u potragu i povratio svo imanje i takođe je vratio njegovog nećaka Lota sa njegovom imovinom i takođe i žene i druge ljude. I zato što je bio u potpunosti čestiti i zato što je hodao pravim putem, on je dao Melhisedeku, kralju Salima, desetak svega što bilo određeno za Njega i ostatak je vratio kralju Sodome govoreći: „Ni konca ni remena od obuće neću uzeti od svega što je tvoje, da ne kažeš: „Ja sam obogatio Avrama"" (stih 23). Tako da, Avram nije bio samo u potrazi za mirom u svakoj stvari već je on takođe i hodao bez mana i na uspravan način.

Poslanica Jevrejima 12:14 kaže: „Mir imajte i svetinju sa svima; bez ovog niko neće vidjeti Gospoda." Ja vam žarko zapovijedam da razumijete da je Avram mogao da dobije blagoslov Jehovah-jireh, „GOSPOD će se postarati," zato što je tražio mir sa svim ljudima i ispunio posvećenje. Ja vam takođe zapovijedam da postanete ista vrsta osobe kao što je on.

Vjerovanje u moć Boga Stvoritelja

Kako bi dobili blagoslov „GOSPOD će se postarati," mi moramo da vjerujemo u moć Božju. Poslanica Jevrejima 11:17-19 nas uči: „Vjerom privede Avraam Isaka kad bi kušan i jedinorodnoga prinošaše, pošto bijaše primio obećanje, u kome bijajše kazano: „U Isaku nazvaće ti se seme." Pomislivši da je Bog kadar i iz mrtvih vaskrsnuti; zato ga i uze za priliku." Avram je vjerovao da će moć Boga Stvoritelja moći da učini sve mogućim, tako da je on mogao da se povinuje Božjoj zapovijesti a da nije pratio tjelesne i ljudske misli.

Šta bi vi učinili da vam Bog zapovijedi da date vašeg sina kao žrtvu paljenicu? Ako vjerujete u moć Božju sa kojim ništa nije nemoguće, ma koliko to nemilo bilo, vi ćete moći da se povinujete. Onda ćete vi dobiti blagoslov „GOSPOD će se postarati."

Kako je milost Božja bezgranična, On unaprijed planira, ispunjava i uzvraća nam sa blagoslovima ako se u potpunosti povinujemo a da nemamo ni jednu vrstu tjelesnih misli kao Avram. Ako imamo nešto što volimo više nego Boga ili kažemo „Amin," samo u stvarima koje se slažu sa našim mislima i teorijama, mi ne možemo da dobijemo blagoslov „GOSPOD će se postarati."

Kao što je rečeno u 2. Poslanici Korinćanima 10:5: „I svaku visinu koja se podiže na poznanje Božje i robimo svaki razum za pokornost Hristu," da bi primili i iskusili blagoslov „GOSPOD će se postarati," mi moramo da odbacimo svaku vrstu ljudske misli i posjedujemo duhovnu vjeru sa kojom mi možemo da kažemo „Amin." Da Mojsije nije posjedovao duhovnu vjeru, kako bi mogao da razdvoji Crveno more na dva dijela? Bez duhovne vjere, kako bi Isus Navin mogao da uništi grad Jerihon?

Ako se vi povinujete samo u stvarima koje su u skladu sa vašim sopstvenim mislima i znanjem, to ne može biti nazvano duhovna pokornost. Bog stvara nešto od ničega, tako da kako je Njegova moć ista kao snaga i znanje čovjeka koji čini nešto od ničega?

U Jevanđelju po Mateju 5:39-44, čitajte sledeće. „A Ja vam kažem da se ne branite oda zla, nego ako te ko udari po desnom tvom obrazu, obrni mu i drugi. I koji hoće da se sudi s tobom i košulju tvoju da uzme, podaj mu i haljinu. I ako te potjera ko jedan sat, idi s njime dva. Koji ište u tebe, podaj mu. i koji hoće da mu uzajmiš, ne odreci mu. Čuli ste da je kazano: „Ljubi bližnjeg svog, i mrzi na neprijatelja svog." Ali Ja vam kažem, volite svoje neprijatelje i molite se za one koji vas proganjaju."

Koliko je drugačija ova riječ istine Božje od naših sopstvenih misli i znanja? Zbog toga ja vam naređujem da ako čuvate u mislima da ako pokušate da kažete „Amin" samo na ono što je u skladnosti sa vašim mislima vi ne možete da ispunite kraljevstvo Božje i dobijete blagoslov Jehovah-jireh, „GOSPOD će se postarati."

Čak iako posjedujete vjeru u svemogućeg Boga, jeste li bili u problemima, strahovima ili brigama kada ste se suočavali sa bilo kojim problemima? Onda, to ne može biti smatrano kao iskrena vjera. Ako imate iskrenu vjeru, vi morate da vjerujete u moć Božju i da predate bilo koji problem u Njegove ruke sa radošću i zahvalnošću.

Da svako od vas računa najprije na Boga, postane pokoran dovoljno da kaže samo „Amin," traži mir sa svim ljudima u svetosti i vjeruje u moć Božju koji može da uzdigne mrtve ponovo kako bi mogli da dobijete i uživate u blagoslovu „GOSPOD će se postarati," u ime našeg Gospoda Isusa Hrista ja se molim!

O autoru:
Dr. Džerok Li

Dr. Džerok Li je rođen u Muanu, Džeonam provinciji, Republika Koreja, 1943. god. U svojim dvadesetim, Dr. Li je sedam godina patio od mnoštva neizlečivih bolesti i iščekivao smrt bez nade za oporavak. Jednog dana u proljeće 1974. god, njegova sestra ga je odvela u crkvu i kad je kleknuo da se pomoli, Živi Bog ga je momentalno izliječio od svih bolesti.

Od trenutka kad je Dr. Li sreo živog Boga kroz to divno iskustvo, on je zavolio Boga svim svojim srcem i iskrenošću, a u 1978. god., je pozvan da bude sluga Božji. Molio se revnosno uz nebrojene molitve u postu kako bi mogao jasno da razumije volju Božju, u potpunosti je ispuni i posluša Riječ Božju. Godine1982. je osnovao Manmin centralnu crkvu u Seulu, Koreja i bezbrojna djela Božja uključujući čudesna iscijeljenja, znaci i čuda se dešavaju u njegovoj crkvi.

U 1986. god. Dr. Li je zareden za pastora na godišnjem Zasjedanju Isusove Sungkjul crkve Koreje, i četiri godine kasnije u 1990.god. njegove propovijedi su počele da se emituju u Australiji, Rusiji, na Filipinima. U kratkom vremenskom periodu i mnogim drugim zemljama je bio dostupan preko Radio difuzne kompanije Daleki Istok, Azija radio difuzne kompanije i Vašingtonskog hrišćanskog radio sistema.

Tri godine kasnije, 1993.god., Manmin centralna crkva je izabrana za jednu od "Svjetskih top 50 crkava" od strane magazina Hrišćanski svijet (Christian World) (SAD), a on je primio počasni doktorat bogoslovlja od Koledža hrišćanske vjere, Florida, SAD i 1996.god. iz Službe od Kingsvej teološke bogoslovije, Ajova, SAD.

Od 1993.god., dr. Li prednjači u svjetskoj evangelizaciji kroz mnogo inostranih pohoda u Tanzaniji, Argentini, Los Anđelesu, Baltimoru, Havajima i Nju Jorku u Sjedinjenim Američkim Državama, Ugandi, Japanu, Pakistanu, Keniji, Filipinima, Hondurasu, Indiji, Rusiji, Njemačkoj, Peruu, Demokratskoj Republici Kongo, Izraelu i Estoniji.

U 2002-oj godini bio je priznat od strane glavnih hrišćanskih novina kao „svijetski obnovitelj" zbog svojih moćnih službovanja u mnogim prekomorskim pohodima. Naročito njegov „Pohod u Njujork 2006. god." održan u Medison skver gardenu (Madison Square Garden), najpoznatijoj areni na svijetu. Događaj je emitovan za 220 nacije a na njegovom „Ujedinjenom pohodu u Izrael 2009. god." održanom i Međunarodnom konvencionalnom centru (International Convention Center (ICC)) u Jerusalimu on je hrabro izjavio da je Isus Mesija i Spasitelj.

Njegove propovijedi emitovane su za 176 nacija putem satelita uključujući GCN TV i bio je svrstan kao jedan od „Top 10 najuticajnijih hrišćanskih vođa" 2009-e i 2010-e godine od strane popularnog Ruskog hrišćanskog časopisa U pobjedu (In Victory) i novinske agencije Hrišćanski telegraf (Christian Telegraph) za njegovu moćnu svješteničku službu TV emitovanja i njegove inostrane crkveno pastorske službe.

Od Septembra 2013.god., Manmin Centralna Crkva ima zajednicu od preko 120.000 članova. Postoji 10 000 ograna crkve širom planete uključujući 56 domaćih ograna crkve i do sad više od 129 misionara su opunomoćena u 23 zemlje, uključujući Sjedinjene Države, Rusiju, Njemačku, Kanadu, Japan, Kinu, Francusku, Indiju, Keniju i mnoge druge.

Do datuma ovog izdanja Dr. Li je napisao 85 knjige, uključujući bestselere: Probanje vječnog života prije smrti, Moj život, moja vjera I i II, Poruka sa krsta, Mjera vjere, Raj I& II, Pakao, i Moć Božja. Njegove knjige su prevedene na više od 75 jezika.

Njegove Hrišćanski rubrike se pojavljuju u Hankok Ilbo, JongAng dnevniku, Dong-A Ilbo, Munhva Ilbo, Seul Šinmunu, Kjunghjang Šinmun, Korejski ekonomski dnevnik, Koreja glasnik, Šisa vijesti, i Hrišćanskoj štampi.

Dr. Li je trenutno na čelu mnogih misionarskih organizacija i udruženja U tu poziciju spadaju: Predsjedavajući, Ujedinjene svete crkve Isusa Hrista; predsjednik, Manmin svjetska misija; stalni predsjednik, Udruženje svijetske hrišćanske preporodne službe; osnivač i predsjednik odbora, Globalna hrišćanska mreža (GCN); osnivač i član odbora, Mreža svjetskih hrišćanskih lekara (WCDN); i osnivač i član odbora, Manmin internacionalna bogoslovija (MIS).

Druge značajne knjige istog autora

Raj I & II

Detaljna skica predivne životne okoline u kojoj rajski stanovnici uživaju i preljepi opisi različitih nivoa nebeskih kraljevstva.

Moj Život Moja Vjera I & II

Najmirisnija duhovna aroma izvučena iz života koji je cvjetao sa neuporedivom ljubavlju za Boga, u sred crnih talasa, hladnih okova i najdubljeg očaj.

Probanje Vječnog Života Prije Smrti

Zavjetni memoari Dr. Džeroka Lija, koji je rođen ponovo i spašen iz doline senke smrti, i koji vodi primjeren Hrišćanski život.

Mera Vjere

Kakvo mjesto stanovanja, kruna i nagrade su spremne za vas u raju? Ova knjiga obezbjeđuje mudrost i smjernice za vas da izmjerite vašu vjeru i gajite najbolju i

Pakao

Iskrena poruka cijelom čovječanstvu od Boga, koji ne želi da ijedna duša padne u dubine Pakla! Otkrićete nikad do sad otkriveni iskaz o okrutnoj stvarnosti Nižeg Hada i Pakla.

www.urimbooks.com

www.ingramcontent.com/pod-product-compliance
Lightning Source LLC
LaVergne TN
LVHW061555070526
838199LV00077B/7050